A ÚNICA CERTEZA DA VIDA É QUE UM DIA
VOCÊ VAI MORRER

DAVID SHIELDS

A única certeza da vida é que um dia você vai morrer

TRADUÇÃO DE BEATRIZ HORTA

intrínseca

TÍTULO ORIGINAL
The Thing About Life Is That One Day You'll Be Dead

CAPA
Chip Kidd

ADAPTAÇÃO DE CAPA
Ilustrarte Design e Produção Editorial

PREPARAÇÃO
Ana Grillo

REVISÃO TÉCNICA
Ricardo Porto

REVISÃO
Antônio dos Prazeres
Umberto Figueiredo

DIAGRAMAÇÃO
Abreu's System

CIP-BRASIL. CATALOGAÇÃO-NA-FONTE
SINDICATO NACIONAL DOS EDITORES DE LIVROS, RJ

S558u

Shields, David, 1956-
A única certeza da vida é que um dia você vai morrer / David Shields; tradução de Beatriz Horta. – Rio de Janeiro: Intrínseca, 2010.

Tradução de: The Thing About Life Is That One Day You'll Be Dead
ISBN 978-85-98078-48-9

1. Shields, David, 1956 – Família. 2. Escritores americanos – Séc. XX – Biografia. 3. Escritores americanos – Séc. XX – Família. 4. Pai e filho – Estados Unidos. I. Horta, Beatriz. II. Título

09-2258. CDD: 818
CDU: 821.111(73)-94

[2010]

EDITORA INTRÍNSECA LTDA.
Rua dos Oitis, 50
22451-050 – Gávea
Rio de Janeiro – RJ
Tel. e fax: (21) 3206-7400
www.intrinseca.com.br

Para meu pai, 1910-

Sumário

Adolescência

Idade adulta e meia-idade

Velhice e morte

Que, então, isto é tudo o que significa estar vivo: estar preparado para morrer.

J. M. Coetzee

Prefácio

Carta a meu pai

Vamos dar início à briga: as histórias dele contra as minhas.

Este livro é uma autobiografia do meu corpo, uma biografia do corpo de meu pai, uma anatomia de nossos dois corpos — principalmente o do meu pai, o corpo dele, seu corpo incansável.

Esta é a minha pesquisa; isto é o que sei agora: os fatos cruéis da existência, a fragilidade e a transitoriedade da vida em sua nua realidade corpórea; os seres humanos como animais desolados e divididos; a beleza e o sentimento que existem no meu corpo, no corpo dele e no de todo mundo igualmente.

Parece que estou sempre dizendo: aceite a morte.

E a resposta dele, inteiramente compreensível, é: aceite a vida.

Por que sou meio apaixonado pela morte tranquila? Acabo de fazer 51 anos. Como disse o escritor Martin Amis: "Ninguém sabe quando vai ser, mas vai. De repente, você percebe que está passando de 'Olá' para 'Tchau'. E trata-se de um emprego em tempo integral: a morte. Você realmente precisa virar com força a cabeça para olhar em outra direção, porque a morte de repente fica muito óbvia, e não era antes. Você racionalmente sabia que iria morrer, porém não era um fato concreto." Para mim, o fato de ser pai de uma garota de 14 anos irritantemente cheia de vida só amplia essa ideia. Não sou mais atlético (minha coluna está péssima mesmo — toco nesse assunto depois). Natalie é atlética. Este ano, depois de um jogo de futebol, o pai de uma das jogadoras do time adversário chegou para ela e recomendou: "Profissionalize-se."

Por que, aos 97 anos, meu pai é tão dedicado à longevidade em si, à simples sobrevivência? Para mim, ele é obstinado e loucamente ativo e interessante, mas não quero idealizá-lo. Ele é a força da vida como máquina de vida — exaustiva, mas que não se exaure. Descansar em paz? Difícil imaginar isso.

Mark Harris, tentando explicar por que achava Saul Bellow melhor que qualquer outro escritor entre seus contemporâneos, disse que Bellow era simplesmente mais vivo que todos; meu pai tem um pouco disso. Dizem que o escritor D. H. Lawrence viveu arriscando a própria pele. Meu pai também é assim: fico insistindo para que se proteja, e ele se recusa.

Pareço ter uma necessidade edipiana de enterrar meu pai numa pilha de dados fúnebres. Por que quero vestir uma mortalha nele antes da hora? Ele é forte e é fraco; eu o amo e o detesto; quero que viva eternamente e que morra amanhã.

De bebê a criança

Nosso nascimento é apenas o começo de nossa morte

Um feto não fica passivo no ventre da mãe à espera de ser alimentado. A placenta espalha agressivamente vasos sanguíneos que invadem os tecidos maternos para extrair nutrientes. A mãe e o filho por nascer lutam inconscientemente pelos nutrientes que ela fornece. Como diz o biólogo evolucionista David Haig, a gravidez é um cabo de guerra: cada um puxa com força para um lado, e, no meio, a corda mal se mexe. A vida é uma batalha.

Os seres humanos existem há 250 mil anos, durante os quais 90 bilhões de pessoas viveram e morreram. Você é um dos 6 bilhões e 500 milhões de habitantes do planeta e 99,9% dos seus genes são iguais aos dos outros humanos. A diferença está no 0,1% restante: um nucleotídeo em cada mil.

Nascemos com 350 ossos (longos, curtos, lisos ou irregulares), os quais, à medida que crescemos, fundem-se até somar

206 ossos, no homem adulto. Cerca de 70% do nosso peso é constituído de água — quase a mesma porcentagem da superfície da Terra que é coberta por água.

O recém-nascido, com média de 120 batimentos cardíacos por minuto, passa de um ambiente confortável, líquido, para um lugar frio e cheio de ar por meio do ato de respirar, com uma sucção 50 vezes mais forte que a média da respiração adulta. Nasci de um parto pélvico, cujo perigo está no fato de a cabeça (no caso, a minha) sair por último, o que aumenta muito a chance de o cordão umbilical enroscar no pescoço da criança (no caso, o meu). Entrei no mundo com os pés; depois fiquei na maternidade uma semana a mais, para descansar, relaxar e recobrar-me um pouco numa incubadora aquecida que meu pai defendia como um leão a cada vez que alguém se aproximava. Se eu ficasse parado por alguns minutos, ele batia no vidro da incubadora. Eu não tinha morrido, pai. Estava só dormindo. A vida toda fingi procurar um lugar frio e cheio de ar (perigo), mas queria mesmo era aquele ambiente confortável e cheio de líquido (segurança).

Lembro que minha mãe certa vez me elogiou por eu não ter entrado num parquinho que estava com o portão fechado e que meu pai ficou desapontado por eu não ter pulado a cerca. Como receptor de futebol americano, eu corria em zigue-zague e ficava livre no meio do campo, movimentando as mãos, pedindo a bola. Nunca a deixei cair durante um passe, mas quando era atingido por um marcador, geralmente perdia a posse de bola. Fui o melhor jogador de softbol do bairro, mas, à medida que envelhecemos, passamos a fazer os lançamentos por cima da cabeça, com bola rápida, e comecei a “amarelar”. Para ganhar base numa bola rasteira, eu sempre diminuía a velocidade para que o arremesso para a primeira base chegasse antes de mim, e assim eu evitava ser atingido na cabeça por uma bola descontrolado. Rebatendo, eu tinha medo de ser atingido por um arremesso; defendendo, temia quiques estranhos no chão pedregoso; eu conseguia correr 91 metros em 10,8 segundos, mas como tinha pernas compridas e o treinador insistia para que eu corresse provas de obstáculos, eu hesitava antes de cada obstáculo para ter certeza de que ia passá-lo, e acabava em último. Nunca aprendi a mergulhar de cabeça na piscina — pulava em pé. O instrutor de natação me puxava para a beira, colocava minhas pernas e meus braços na posição de mergulho, me segurava no ar por um segundo e me jogava na água. No último instante, eu virava o rosto e a água batia em mim como um colchão de agulhas elétricas. De que eu tinha medo? Por que sempre temia me machucar?

No *Bhagavad Gita*, o corpo humano é descrito como uma ferida com nove buracos.

Um recém-nascido não é, realmente, nenhuma beleza. Não tem os preenchimentos das bochechas. O maxilar não tem dentes para apoiar. O cabelo, quando existe, costuma ser tão fino que o bebê (sobretudo os caucasianos) parece careca. Um material mole (chamado *verniz caseoso*) cobre o corpo, protegendo a pele, que é avermelhada, oleosa e muito enrugada. O inchaço causado pela pressão sofrida na passagem pelo canal de nascimento pode deformar temporariamente o nariz, fazer um dos olhos — ou ambos — inchar ou deixar a cabeça estranhamente alongada. O esqueleto está incompleto: em determinados lugares, os ossos ainda não se juntaram bem, deixando o cérebro coberto apenas por um tecido macio. A genitália externa de ambos os sexos é desproporcionalmente maior, devido ao estímulo dos hormônios maternos. Pelo mesmo motivo, os seios do bebê podem ser um pouco maiores e secretar um líquido chamado “leite de bruxa”. As íris são azul-claras; a cor real dos olhos só se definirá mais tarde. A cabeça é bem grande em relação ao corpo, e o pescoço não consegue sustentá-la; já as nádegas são bem pequenas.

Um bebê médio pesa 3 quilos e tem 50 centímetros de altura. Os recém-nascidos perdem de 5% a 8% do peso nos primeiros dias, devido, principalmente, à perda líquida. Nas primeiras 24 horas de vida, têm pouca audição, até que o ar entre nas trompas de Eustáquio. Eles sentem falta do ventre materno e reagem a qualquer estímulo. Chupam tudo o que é colocado na boca ou perto dela. Os olhos vagueiam e ficam estrábicos. A temperatura do corpo é variável e a respiração costuma ser irregular.

Com 1 mês, o bebê consegue mexer de leve a cabeça e flexionar braços e pernas. Aos 2 meses, pode olhar bem para a frente, quando deitado de costas. Posto de bruços, consegue levantar a cabeça aproximadamente 45 graus. Aos 3 meses, os músculos do pescoço têm força suficiente para apoiar a cabeça durante um ou dois segundos.

Os bebês nascem com 25% do cérebro que terão quando adultos porque o mecanismo para andar ereto exige redução no tamanho da pelve da mãe; o canal por onde o bebê nasce não pode aumentar. Rapidamente, o cérebro compensa o aperto inicial e com 1 ano de idade tem 75% do tamanho que terá na idade adulta.

Os bebês ouvem até 40 mil hertz, e podem piscar com um assovio para chamar cachorro que os adultos nem sequer notam, por não registrarem sons acima de 20 mil hertz. Os ouvidos dos bebês contêm células ciliadas sensoriais que transformam a energia líquida dentro da cóclea em sinais elétricos que podem ser captados por células nervosas. Esses sinais elétricos são levados para o cérebro e permitem que o bebê escute. Na puberdade, as células ciliadas começam a sumir, reduzindo a capacidade auditiva em determinadas frequências sonoras; os tons mais agudos são os primeiros a sumir.

As mãos de um recém-nascido costumam ficar fechadas, mas se a região entre o polegar e o indicador for tocada por qualquer pessoa ou coisa, a mão agarra e segura com força suficiente para aguentar o peso do bebê, se pegar com as duas mãos. Esse "reflexo de segurar" inato não tem nenhuma finalidade no bebê humano, mas era fundamental na última fase de evolução pré-humana, quando o bebê animal precisava se agarrar aos pelos da mãe.

Meu pai me lembra que, segundo o *Midrash* (o tratado em constante evolução sobre as escrituras hebraicas), chegamos ao mundo de mãos fechadas, como se quiséssemos dizer: "É tudo meu. Vou ficar com tudo." E quando vamos embora, abrimos as mãos, como se disséssemos: "O mundo não me deu nada."

Se um bebê cai, a habitual postura curvada é imediatamente modificada: as quatro extremidades são esticadas. O "reflexo do susto" ou "reflexo do abraço" talvez tenha servido para ajudar a mãe símia a pegar o bebê se ele caísse, fazendo com que abrisse o corpo ao máximo.

Chorei quando Natalie nasceu, mas minha esposa, Laurie, não — estava ocupada demais. Num momento, estávamos no quarto da maternidade, de mãos dadas, lendo revistas, e, logo após, Laurie olhou para mim com uma seriedade autoritária que eu nunca antes tinha visto e disse: "Largue essa revista." Natalie apareceu, estalando os lábios, e pedi que a enfermeira garantisse que aquilo não era sinal de diabetes (tinha lido muitos manuais de futuros pais). Jurei que nunca mais pensaria em nada simples, idiota ou egoísta, e essa exaltação passou, mas, mesmo assim...

Os índios Kogi acreditam que quando o bebê começa a viver ele só conhece três coisas: mãe, noite e água.

Francis Thompson escreveu: "Nascemos na dor de outra pessoa/ E morremos em nossa própria dor." Segundo Edward Young: "Nosso nascimento é apenas o começo da nossa morte." Francis Bacon disse: "Será que ainda devíamos chorar/ não para nascer, ou ao nascer, mas para morrer?" A primeira frase do *Fala, memória*, de Vladimir Nabokov, é: "O berço balança sobre um abismo, e o bom-senso diz que nossa vida não passa de uma breve faísca entre duas trevas eternas."

A tênue separação entre existência e não existência é muito comentada, mas pouco discutida. Em 1919, aos 9 anos, meu pai e os amigos atravessavam os trilhos do trem, no Brooklyn, quando meu pai, o último da fila, parou no terceiro trilho, transformando-se, assim, de uma criança feliz, na vertical, em um condutor de corrente elétrica, na horizontal. O trem veio estrondeando na direção de Milton Shildcrout que, caído sobre o trilho, nada podia fazer para não ser eletrocutado. (Quando perguntei a ele por que mudou o sobrenome, respondeu que, durante a Segunda Guerra Mundial, o sargento "não conseguia ler no boletim diário do acampamento palavras com mais de duas sílabas, nem pronunciar direito o que chamou de 'aqueles malditos nomes nova-iorquinos'. E o sargento acrescentou, no seu carregado sotaque sulista: 'Cabo, esse seu sobrenome é tão grande que não vai caber na lápide, se você pisar uma das minas do Tojo, quando chegarmos além-mar. Deveria diminuir para alguma coisa que um adulto como eu consiga pronunciar. A partir de agora, vou chamar você de Shieldsy.' Algumas semanas depois, o sargento Hill abreviou para Shields. E assim foi nos 36 meses em que estive na Divisão 164. Acostumei com Shields, e quando voltei da guerra, mudei o sobrenome".)

Hoje eu não estaria digitando esta frase se alguém chamado Big Abe, um lutador de 17 anos que usava camisetas pretas e chapéu roxos, não tivesse enfiado um galho comprido entre o pequeno Milt galvanizado e o terceiro trilho, jogando-o para cima, segundos antes de o trem passar. Meu pai queimou os cotovelos e os joelhos, e ao chegar o verão ficou quase um cadáver quando a pele avermelhou, ficou rosa, depois, preta, e descascou até o osso aparecer. As unhas dos pés e das mãos caíram e os poucos pelos que Miltie tinha no corpo sumiram, até ele próprio quase sumir. Meu avô processou a Estrada de Ferro Long Island em 100 dólares, o que supostamente pagou (nem mais, nem menos) as visitas semanais do médico para o controle da infecção.

Declínio e queda (i)

Todos os mamíferos envelhecem; as únicas exceções são algumas espécies mais primitivas: tubarões, lagartos, tartarugas de Galápagos. Há diversas teorias sobre a causa do envelhecimento humano: ele é geneticamente controlado (indivíduos mal-adaptados morrem; bem-adaptados continuam a viver); o grau de envelhecimento em cada espécie se desenvolveu para o bem de cada espécie; um agente produtor de entropia separa as células; mamíferos menores tendem a ter altos índices metabólicos e morrem mais cedo que mamíferos maiores; determinados sistemas endócrinos ou imunológicos são particularmente vulneráveis e aceleram a disfunção em todo o corpo; erros na transcrição do DNA levam a erros genéticos que aceleram a morte. Todas essas teorias são discutíveis, pois não se sabe por que envelhecemos.

Disse Schopenhauer: "Sabemos que andar é apenas um ato que envolve o constante prevenir de quedas; da mesma forma, a vida do nosso corpo é um constante prevenir da morte, sempre adiando o fim." (Pai: "Por que um homem supostamente sensato pensava assim?")

O poeta inglês Henry Reed deu uma ajuda ao observar: "À medida que envelhecemos, não ficamos mais jovens."

Em geral, os bebês dormem 20 horas por dia; com 1 ano, dormem 13 horas; adolescentes dormem 9 horas; quarentões, 7; cinquentões, 6; a partir dos 65 anos, as pessoas dormem 5 horas. À medida que envelhecemos, passamos mais tempo acordados à noite e, quando dormimos, despertamos com mais facilidade. Um dos motivos para os mais velhos terem mais insônia é que a produção de melatonina, que regula o ciclo do sono, diminui com a idade. Aos 65 anos, mais ou menos, é difícil um sono ininterrupto: passamos 20% da noite acordados. Lembro sempre que meu pai hoje costuma dormir de dia; as pessoas que têm de 73 a 92 anos acordam em média 21 vezes durante a noite, devido à respiração irregular.

Um bebê respira de 40 a 60 vezes por minuto; uma criança de 5 anos, de 24 a 26 vezes; um adolescente, de 20 a 22 vezes; e um adulto (a partir de 25 anos), 16 vezes. Numa vida inteira, respiramos cerca de 850 milhões de vezes.

Como mamíferos, no fim do primeiro ano de vida temos "dentes de leite", e uma segunda dentição surge quando saímos da infância. Ao entrar na escola, a maioria das crianças tem todos os dentes, que cairão antes de elas completarem 12 anos. Aos 13, mais ou menos, a maioria das crianças tem todos os dentes permanentes, exceto os sisos. Os terceiros molares, ou "dentes do siso", costumam aparecer entre os 20 e os 21 anos; suas raízes amadurecem entre os 18 e os 25 anos. À medida que envelhecemos, a placa bacteriana se acumula nos dentes, as gengivas se retraem, os dentes se desgastam e ficam mais suscetíveis às cáries e aos problemas periodontais. A gengiva de meu pai retraiu nos últimos anos e o osso passou a fazer atrito com a dentadura, o que causa dor ao mastigar.

As unhas das crianças crescem 1 milímetro por semana. As unhas dos pés crescem 25% mais devagar que as das mãos: 1 milímetro por mês. As unhas dos dedos dos pianistas e dos digitadores crescem mais depressa que as de outras pessoas. O crescimento das unhas das mãos é mais rápido em novembro, mais lento em julho e menos rápido à noite. O primeiro e o quinto dedos crescem mais devagar, e, sob temperatura muito fria, as unhas das mãos crescem mais lentamente. Dos 30 aos 80 anos, o crescimento das unhas das mãos reduz-se à metade. Ao contrário da lenda, pai, suas unhas e seus cabelos não continuarão a crescer depois que você morrer.

Meninos contra meninas (i)

Os cromossomos XX e XY dão origem a bebês do sexo feminino e masculino, respectivamente. As mulheres têm a vantagem de dois cromossomos XX, pois o segundo cromossomo X supre alguma deformação num gene do primeiro cromossomo, caso ele exista. Uma mulher com um gene de doença num dos cromossomos X pode usar o gene sadio do outro e evitar que a doença se manifeste, embora continue com o gene defeituoso.

O sexo feminino é o sexo-padrão: se não houver um sinal para formar os testículos, as células germinativas formam os ovários e nasce uma menina. É preciso a participação dos genes no cromossomo Y para fazer um corpo que seria feminino ficar masculino.

Desde a concepção, o metabolismo das mulheres é mais lento que o dos homens: os embriões masculinos se dividem mais depressa que os femininos. Devido ao índice metabólico mais rápido, as células masculinas são mais vulneráveis a deformidades; o ciclo vital masculino se completa mais depressa que o feminino.

O esperma com o cromossomo Y se move um pouco mais rápido que o esperma com o cromossomo X, e mais de 51% dos bebês são do sexo masculino. Porém, eles são mais propensos que os femininos a sofrer abortos espontâneos e a nascer mortos. Meninas prematuras tendem a passar melhor que os meninos. Na primeira infância, morrem mais meninos que meninas.

Apesar do metabolismo mais lento, as meninas nascem com melhor desenvolvimento ósseo que os meninos. Quando entram na escola, elas estão cerca de um ano mais adiantadas que eles; ao chegarem ao terceiro ano, um ano e meio.

Até os 9 anos, fui a pessoa mais rápida que já conheci. Corria para ir ao supermercado, corria em volta do quarteirão, corria para a escola, subia a escada correndo, corria das pessoas, com as pessoas, na direção das pessoas, corria na lama, na areia, no asfalto, na praia, descalço, de tênis, de sandálias, de botas, de sapatos pretos de cadarço, finos e reluzentes. Não tinha pelos nas pernas, que eram duras como borracha e bronzeadas como as de um indiano. Minha namorada tinha 9 anos, e também corria. Corríamos juntos. Competíamos, ela vencia: um dia, achei que ela havia trapaceado e exigi que começássemos de novo. Ela se recusou. Tirei os tênis, joguei-os no lago e pisei descalço galhos, pedras, vidros. Ela correu de mim. Alguns anos depois, ela começou a fumar, perdeu o fôlego e passou a ser animadora de torcidas.

Origens

De pijama, eu segurava as rédeas de plástico presas às orelhas e à boca do meu cavalo de balanço (chamava-se Pêssegos, pois tinha a cor do pêssego, fruta da qual eu gostava). Montava e me mexia na sela, até estar pronto para galopar. O cavalo de madeira tinha o olho direito de vidro rachado e o esquerdo fora esmigalhado numa briga; a boca, que era sorridente e de um vermelho vivo, foi lascando até ficar um traço fino, amuado e sem cor. O focinho também estava avariado, com buracos no lugar das narinas, e Pêssegos tinha uma densa crina marrom que ia do alto da cabeça até quase a cernelha, feita de perucas coladas que minha avó não usava mais. Eu puxava as rédeas de plástico, enrolava-as nos pulsos e enfiava os pés nos estribos de couro, pendurados em sua barriga.

Balançava para a frente e para trás, movimentando-o, me inclinando, deslizando. O cavalo mexia de leve, no piso de madeira. Eu me inclinava para a frente, pressionando a boca contra o pescoço cabeludo dele, e dizia: "Não ranja, não faça barulho." (Pueril, bobo, eu achava que podia conversar com bichos de madeira.) Abraçava seu pescoço e batia os estribos para a frente e para trás; depois encostava o rosto em sua cabeça e me apertava em suas curvas e formas esculpidas. Quando Pêssegos andava, eu escorregava até o final do lombo dele, pegava a rédea de couro e me inclinava bem para trás para fazê-lo se movimentar, ao mesmo tempo que tentava acompanhar seu ritmo. Eu dobrava a cintura e levantava as coxas até sentir um calor por baixo. Meu pijama coçava e grudava nas pernas. Eu estava molhado. Ninguém sabia, nem podia saber. Eu tinha noção de que era algo pessoal, embora não soubesse por quê. Esquecendo que eu deveria estar na cama ou, se não debaixo dos lençóis, pelo menos sem fazer tanta barulheira, corria mais, conduzindo meu alazão pelo piso até a parede mais distante, jogando meu corpo para a frente e apertando as pernas nele.

Quando meu pai abriu a porta e acendeu a luz, tirei Pêssegos da frente e desviei dos pés dele. Estava sentindo um calor nos fundilhos, e não ia parar.

— Anda.

— Davizinho — disse meu pai, encantado com minha destreza equestre, mas tentando encarnar a lei. De todo jeito, é disso que me lembro, sabe lá quão verossímeis são essas lembranças. Eu tinha 4 ou 5 anos. — Sua mãe e sua irmã querem dormir. Eu queria dormir. Você vai acordar a casa inteira.

— Não vou fazer barulho, papai.

— Você tem que voltar para a cama, Davizinho...

— Mas não estou cansado.

— Você sabe que horas...

— Está tão gostoso.

Cada vez que Pêssegos balançava, minha virilha batia na sela lisa, e o corpo inteiro formigava. Eu agarrava meu cavalo e fazia-o balançar loucamente para longe de meu pai, na direção da parede. Eu pulava para a frente e para trás até ter de parar, porque o traseiro doía. Meu pai segurou Pêssegos por trás e o parou, pegou-me pela cintura e me girou pelo quarto.

— Aviãozinho!

Depois, me pôs no chão e me jogou na cama. Uau! Cantou então minha música preferida para dormir, que falava sobre um menino, seu pai e um rouxinol.

Tenho um sonho recorrente, no qual abro a porta da frente da casa em que morei quando criança e meu pai está segurando um pedaço de madeira, que serve de trava para a porta. Sem óculos no corredor escuro, ele pensa que sou um ladrão. Vai me impedir de entrar com uma trava de porta de 8 por 13 centímetros. Ao segurá-la com força, uma lasca penetra em sua mão e ele deixa o pedaço de madeira cair nos sapatos. (Meu pai parece um improvável Cérbero.)

— Papai, que bom ver você! — digo, embora jamais o tenha chamado assim.

A casa está toda escura. São quatro horas de uma tarde de inverno, e eu quero uma lamparina, uma vela ou uma lareira para tirar o frio das paredes e dos pisos de madeira. As janelas estão fechadas, e as cortinas também.

— Não suje a casa de neve. Limpe os sapatos aí fora — diz ele. (De repente, meu pai se transforma em Martha Stewart? E, como sempre morei na Califórnia, só vi neve quando fui fazer faculdade no Leste.)

O quintal tem eventuais montes de neve, e sob o sol fraco a sombra das árvores na neve parece uma porção de enormes guarda-chuvas quebrados. O vento sopra a neve, passa entre as árvores e bate nas janelas da casa.

Na sala, meu pai está na cadeira de balanço, com os pés apoiados no banquinho, as mãos entrelaçadas no colo — é uma imagem quase feminina. Ele abre a boca, mas não sai nenhuma palavra. Há jornais espalhados pelo chão (com artigos que ele escreveu? Acho que sim). Sento-me longe dele, no sofá de molas sem as almofadas.

Na mesa ao lado de meu pai há uma foto em preto e branco dele andando na montanha, com uma bengala em uma das mãos e um cachimbo na outra. Está de mochila, meio virado para a câmera, e o sol faz seu rosto ficar atraente. (São as Sierras Altas, montanhas de tamanha magia, em minha infância, que eram comparadas às promessas dos índios de beleza e de paz; seus cumes ficavam recortados sob o céu longe, bem longe, mas muito próximos na minha lembrança.)

Abro a cortina. Para minha surpresa, anoitece. O vento bate nos galhos das árvores. Há mais neve acumulada no chão.

— A entrada de casa está sem neve? — pergunta ele.

A trilha que vai da varanda à porta da garagem e à rua está com 60 centímetros de neve.

— Não, pai. Por quê?

— Estou aguardando uma carta. Você pode tirar a neve com a pá? (Está implícito que a carta foi enviada por mim.)

Cavo com a pá e retiro a neve dos dois lados. O peso da pá e uma súbita rajada de vento quase me derrubam. Ele fica atrás da porta telada, com uma jaqueta tão grande que poderia usá-la como saco de dormir. Os bolsos da jaqueta batem nos joelhos, e o vento faz o capuz inflar, emoldurando o rosto como se ele fosse um magro esquimó judeu.

Bato a pá no gelo, mas está congelado. Ele desce da varanda e arrasta os pés pela neve até chegarmos à rua, que tem quase 30 centímetros de neve. Vamos com dificuldade até a agência dos correios no final do quarteirão. Frágil como um cidadão de idade avançada, ele se apoia em meu ombro para não cair.

A agência dos correios fica num velho prédio de tijolos. A escada de cimento está coberta de neve, e a porta de madeira meio solta das dobradiças. Dentro, há bancos, piso de tábuas e umas 200 caixas postais: retângulos cor-de-rosa numerados em preto.

Meu pai tira o casaco e usa-o como almofada para se ajoelhar no chão; digita os números na caixa postal, que range e abre. Com a mão direita, bate nas laterais.

— Roubaram as cartas — ele repete. (Errei, de novo.)

Lá fora, o céu está totalmente escuro, da cor das minhas luvas. Com frio demais, que o impedia de se mexer, ele agarra meu braço. A neve se acumula sobre seu capuz, formando um boné cômico. Ele para e tosse, fecha os olhos e respira pesadamente. A volta para casa é sempre um rápido lampejo. E o sonho termina aí.

Paraíso, em breve, perdido

Natalie comemorou seu décimo aniversário na penumbra do rinque de patinação Skate King, com uma dúzia de amigas mais próximas e a bola espelhada do salão brilhando, a música subindo a cada 30 segundos e a porta dos banheiros identificadas por *Reis* e *Rainhas*. As meninas estão de patins e parecem precocemente altas, como se estivessem de saltos. Meu pai veio da Bay Area para Seattle em homenagem ao grande dia de Natalie, e durante a festa observou que ela parecia um pouco gorda, com a barriga caindo sobre a cintura. Perguntei se ele algum dia não deixou isso de lado.

Várias amigas compraram colares divididos de Melhor Amiga, em que cada menina usa uma metade e a melhor amiga usa a outra. Havia enorme disputa por algumas meninas. A melhor amiga de Natalie, Amanda, pediu ao DJ que tocasse uma música de Michelle Branch, e ao ser atendida, sorriu.

Quando as luzes foram apagadas, todas as meninas correram para o rinque. Gostavam do ambiente escuro: sentiam-se menos visíveis, apesar de Natalie e várias amigas segurarem bastões fluorescentes laranja. Portanto, não queriam e queriam, ao mesmo tempo, ser notadas. Eu gostaria de observar que esse é o nó da questão.

As meninas voltaram de patins. Depois, foram todas na mesma direção. Após um tempo, ficaram sossegadas. O DJ tocou as músicas-padrão: "I Wil Survive", "Gloria", "YMCA", "Stayin' Alive", Madonna, os Black Eyed Peas, Avril Lavigne, Usher. Algumas amigas de Natalie compraram rosas de plástico cor-de-rosa. Dois adolescentes estavam se agarrando num canto do salão. Meu pai, como era de esperar, notou, avisou a gerência da casa, e o fato foi logo solucionado. Mero puritanismo, pois tem horror a qualquer demonstração pública de afeto. Sempre que Laurie e eu vamos ao cinema com ele, se ponho meu braço em volta dela ou seguro sua mão, ele sempre (acho que inconscientemente) tem um ataque de tosse até eu interromper a demonstração pública de afeto.

Como pai de uma menina que continua fã do Skate King, acho o local totalmente pavoroso. Só faz aumentar a ideia das crianças de que elas são seres mágicos e transforma essa sensação num desejo sexual, uma marcha em grupo rumo a futuras possibilidades. Mas, para Natalie e as amigas, a proposta do Skate King ainda é sonhar, mesmo que de leve, com o sexo oposto sem ter de levar a sério esse romantismo, nem muito menos agir. No escuro, Natalie segurou na mão de Amanda e deu um selinho em Aaron Carter.

A última música da tarde foi "The Hokey Pokey", que, conforme me explicou o DJ, "os adultos não curtem". Claro que não (exceto meu pai, que queria participar, mas Natalie fez sinais frenéticos para ele sair da pista), você se enrolaria todo caso tentasse dançar isso. Natalie e as amigas deviam estar pensando o que aquela letra queria dizer.

Nas meninas, os seios começam a se desenvolver entre os 8 e os 10 anos e entre os 12 e os 18 o crescimento já está completo. Elas têm os primeiros pelos púbicos e axilares entre os 9 e os 12 anos e pelos de adulto entre os 13 e os 14. Uma vez, ouvi um estupro ser defendido com a frase: "Se o campo tem grama, jogue bola." Em 1830, as meninas menstruavam pela primeira vez aos 17 anos. Devido a melhorias em alimentação, saúde e condições de vida, a idade média da menarca nos Estados Unidos é 12 anos (era de 12,75 anos na década de 1960; 12,5 no início da década de 1990 e 12,3 no início desta década). As meninas também estão mais gordas, o que apressa a menarca.

O ciclo menstrual ocorre a cada 29 dias, mais ou menos. As fases da lua têm duração de 29,53 dias, e, segundo Darwin, a menstruação está relacionada com a influência da lua nas marés, herança de nossa origem marinha. Entre os lêmures, o cio e o sexo ocorrem na lua cheia.

Aos 9 ou aos 10 anos, o escroto e os testículos dos meninos aumentam e o pênis cresce; aos 17 anos, têm o tamanho e a forma dos de um adulto. Os pelos púbicos, das axilas, das pernas, do peito e do rosto surgem aos 12 anos e assumem a aparência adulta aos 15. A primeira ejaculação costuma ocorrer aos 12 ou aos 13 anos; aos 14, a maioria dos meninos tem sonhos que causam ejaculação a cada duas semanas. Esqueci o nome de quase todos os colegas dos últimos anos do ensino fundamental, mas jamais esquecerei Pam Glinden ou Joanne Liebes, minhas melhores amigas, garotas ousadas, com fama de "viciadas em drogas" — durante todo o nono ano eu me masturbei olhando para as fotos delas no Livro do Ano. Na época, tal prática parecia mágica, pessoal, perversa, única, fundamental. Não era. Era sangue circulando por meu corpo, que, num futuro relativamente mensurável (digamos, em uns 18 mil dias), vai parar de circular. Meu pai morrerá logo; um dia, morrerei eu; apesar (ou, talvez, por causa) de todas as informações contidas neste livro, ainda me impressiono com esses dois fatos.

Woody Allen explica que "a diferença entre sexo e vida é que a morte pode ser solitária e ninguém vai rir de você".

Os meninos são mais pesados e mais altos que as meninas - porque têm um período de crescimento mais longo. O crescimento deles se dá entre os 13 e os 16 anos, com um aumento de 11 centímetros no ano de pico. Nas meninas, o crescimento começa aos 11 anos, pode chegar a 8 centímetros no ano de pico e está quase terminado aos 14 anos. Aos 18, resta aos meninos crescer 2 centímetros, e às meninas, pouco menos, pois então o processo de crescimento está 99% completo. Entre os 15 e os 18 anos, passei de 1,63m a 1,84m, e ainda me considero de baixa estatura. Natalie é mais baixa que a maioria das colegas e fica irritada por não ter espichado como eu até o final do ensino fundamental. Ela não vê a hora "do estirão".

Quando Natalie tinha 2 anos, Laurie e eu a estávamos vestindo para levá-la à creche. Meu pai passava a semana conosco. Natalie chorava loucamente, reclamando que as roupas estavam erradas: uma era da cor errada, a outra estava apertada demais, e ela repetia "Meu, meu, meu". Depois, perguntei a meu pai o que ele achava que ela queria nos dizer, e ele respondeu:

— Ela queria dizer "Esses braços, essas pernas são meus. Não façam isso com meu corpo. Ele é meu".

Perguntei então se algum dia havia feito aquilo quando criança, e ele reagiu:

— Você está brincando? Sua mãe e eu quase enlouquecemos com você, principalmente no primeiro ano. Que menino chorão!

Notícia urgente: somos animais

Minha amiga Suzanne me enviou um e-mail sobre a filha:

"Naomi está com 9 anos, chegando àquela idade perigosa, e, ao mesmo tempo que compreendo ser inevitável aos adolescentes certa falta de jeito, acho que quase sempre é irreversível para as meninas a perda da autoconfiança sobre o próprio corpo. Guardo essa imagem de Naomi: ela chega da escola, pega um iogurte na geladeira e vai comer na beira da piscina enquanto brinca com bambolê. Usa dois bambolês ao mesmo tempo e fica praticamente parada, mal girando a cintura inexistente, dando colheradas no iogurte e me contando como foi o dia. Gira com tal leveza que os bambolês parecem satélites, como se houvesse um poderoso centro gravitacional dentro dela. Esse ritual sempre me deixa admirada e satisfeita. De onde vem aquela graça? Acho que vem da enorme inconsciência dela do prazer que tem em mexer o corpo. Ela canta uma música que adoro. Chega perto de mim e diz, bem séria: "Mãe. Mãe. Preciso falar uma coisa para você." Olha bem para mim e, de repente, dança para cima e para baixo, numa coreografia que é só joelhos e cotovelos, cantando: "Todos nós, seja quem for, temos um pouco de sapo!"

Quando Natalie tinha 11 anos, os pandas (com seus olhos tristes, sedentários, rechonchudos: encantadores) eram a coisa de que ela mais gostava na vida. Ela inventou um jogo de tabuleiro chamado Escapei da Arapuca!, em que um bichinho foge da armadilha e tenta achar uma casa. Natalie me disse que "Sexo deve ser uma coisa legal porque as pessoas fazem sexo para criar mais vida". Ela continua imitando bichos à perfeição.

Meu momento preferido no jogo de futebol semanal de Natalie é quando a partida termina e os pais ficam segurando os lanches, com as garotas sentadas em círculo, falando pouco, tomando seus sucos e comendo seus biscoitos, curtindo o cansaço do corpo, totalmente sintonizadas com si mesmas e umas com as outras. Às vezes, meu pai está lá, para de fotografar um instante e, com olhos marejados, fica só curtindo e desfrutando a concretude e a glória da existência física.

Sonho na cesta de basquete (i)

Sempre fiz uma estranha ligação entre o basquete e a escuridão. Comecei a jogar depois das aulas do quarto ano, e me lembro do anoitecer e do macadame combinados na sensação de que o mundo estava se acabando mas eu era indestrutível. Certa tarde, estava jogando H-O-R-S-E* com uma colega de turma,

* H-O-R-S-E é um jogo para melhorar as habilidades de arremesso das crianças que praticam basquete. A primeira criança a acertar a cesta ganha a letra H e assim sucessivamente até que a mais habilidosa conquiste as cinco letras e forme a palavra "Horse" (cavalo). [*N. do R.T.*]

Renée Hahn, que atirou a bola por cima da cerca e disse: "Não jogo mais com você. Você é bom demais. Aposto que um dia vai ser do San Francisco Warrior."

Renée parecia, ao mesmo tempo, um garoto e uma garota quando movimentava o corpo, e aquela partida de H-O-R-S-E é uma das lembranças mais felizes da minha infância: driblar no escuro, mas sabendo por instinto onde a cesta estava; não enxergar Renée, mas sentir o cheiro e a proximidade dela, a voz na qual podia escutar, espalhando-se pela noite, o amor dela por mim e por minha vida como um Warrior. Lembro-me da metade da quadra inclinada no final do campo, de seu mastro e aro alaranjados, de sua tabela de madeira verde, da rede batendo ao vento, da areia da quadra, dos eucaliptos debruçados, da cerca por cima da qual a bola passava, indo cair na rua, e do banco onde as garotas se sentavam, assistindo ao nosso jogo e tentando parecer entediadas.

Nas duas primeiras semanas do verão, Renée e eu começamos a namorar, mas terminamos quando não a salvei num jogo de pique-bandeira. Por isso, ela não foi a minha festa de 10 anos. Implorei a meus pais que deixassem Ethan Saunders, Jim Morrow, Bradley Gamble e eu brincar de encestar a noite inteira na quadra que ficava do outro lado da rua. Eles concordaram a contragosto; meu pai de vez em quando aparecia para ver se estávamos bem e trazia mais Coca, mais bolo de aniversário, mais doces.

Perto da meia-noite, Bradley e eu ficamos em dupla contra Jim e Ethan. A lua ia sumindo. Estávamos com muito açúcar no sangue, completamente zonzos e ligados. Com o placar marcando 18 pontos, num jogo de 20, fiz um arremesso bem longo do fundo da quadra. Antes mesmo de a bola sair de minha mão esquerda, Bradley aprovou: "Boooa."

Eu fui um bom arremessador, já que era a única coisa que fazia o tempo todo, mas achei aquele arremesso incerto. Bradley, eu,

Jim e Ethan, porém, sabíamos o percurso da bola como sabíamos o próprio nome, a média de rebatidas da equipe titular dos Giants ou a palma de nossas mãos. Senti a bola nas pernas e na coluna, que dobrou quando caí para trás. Meus dedos formigaram e minha mão apertou a noite, numa alegria completa. Sabíamos que a jogada tinha sido perfeita: ao ouvirmos a bola (presente de aniversário de meu pai) entrar na rede, foi como se já soubéssemos pelo menos um segundo antes. O que aconteceu naquele segundo em que soubemos? Será que o mundo parou? Será que minha alma ganhou alguns pontos? O que acontece com a percepção extrassensorial quando fazemos uma avaliação tão perfeita? De qualquer modo, o que nós tínhamos: um radar? Quando precisaríamos começar a nos esforçar tanto para ouvir nossos corações?

No final do romance de J. M. Coetzee, *Elizabeth Costello*, a única coisa que a idosa protagonista-título consegue assegurar não é amor, arte ou religião, mas o som de sapos coaxando, atolados na lama, no fim de uma chuva torrencial. Nietzsche disse: "Há mais sabedoria no seu corpo que na mais alta filosofia." De acordo com Wittgenstein, "Nossa única certeza é agir com o corpo". Martha Graham, a dançarina e coreógrafa norte-americana, dizia: "O corpo não mente jamais." Somos todos emocionantes animais diferentes e, de certa forma, o mesmo animal. O corpo — e seu percurso do berço ao caixão — pode nos dizer tudo o que podemos saber sobre todas as coisas.

Maternidade

No Alaska SeaLife Center (Centro de Vida Marinha do Alasca), Aurora, a fêmea do polvo gigante do Pacífico, foi apresentada a J-I, um polvo macho. Trocaram cores e se retiraram para um canto escuro do aquário chamado "Habitantes das profundezas". Um mês depois, Aurora pôs centenas de ovos. Apesar de eles aparentemente não se desenvolverem, e os aquaristas — os tratadores dos animais — acharem que eram ovos estéreis, Aurora todos os dias juntava água em seu manto e enviava ondas para limpar os ovos, defendendo-os de estrelas-do-mar e pepinos-do-mar famintos. Mesmo quando os aquaristas, certos de que os ovos não eram férteis, começaram a esvaziar o tanque de 14 mil litros de água, Aurora borrifava os ovos, que estavam expostos e secavam nas rochas. Vários deles chocaram exatamente dez meses após o encontro dela com J-I (falecido bem antes), e nove filhotes de polvo foram alimentados por uma mamadeira eletrônica automática, num tanque de criação. As fêmeas gigantes do Pacífico costumam morrer quase ao mesmo tempo que ocorre a ruptura dos ovos, principalmente porque param de comer durante meses e gastam sua energia defendendo-os. Apesar disso, o aquarista Ed DeCastro disse que Aurora pareceu revigorada e que ainda "estava cuidando dos ovos".

No oitavo ano do ensino fundamental, Natalie, de repente, passou a adorar criticar Laurie por dizer algo errado, ter fiapos de comida no dente, mastigar alto ou, principalmente, falar com a boca cheia. Esses foram, agora sei, o começo dos ataques da aparentemente inevitável briga de foice entre mãe e filha que iria dominar nossa casa nos anos seguintes.

Meu pai toma vários remédios para combater ansiedade, depressão e insônia. No começo do ano, consultamos seu psiquiatra, para termos certeza de que ele estava tomando os remédios na combinação certa. No fim da consulta, com alguns minutos sobrando, perguntei ao psiquiatra bem freudiano de meu pai por que as adolescentes criticam tanto as mães. Ele respondeu: "Toda a energia hormonal está correndo loucamente pelo corpo da filha, e, por diversos motivos, ela se transforma em raiva da mãe. Creio que, inconscientemente, a filha sente a enorme vantagem que o início da fertilidade lhe dá, fazendo com que a família passe a tratá-la com mais deferência. A filha é a chance de a família se perpetuar. A mãe está saindo de cena exatamente quando a filha entra. Ao estudarmos brigas entre mães e filhas, verificamos que não é só o pai que invariavelmente fica do lado da filha, mas também todas as demais pessoas da família." (Não me lembro de meu pai fazer isso com minha irmã; minha mãe era quem, indiferentemente, cantava de galo.) O psiquiatra prosseguiu: "Os genes fazem a família proteger a fêmea mais fértil. Assim, grande parte da raiva que as meninas sentem das mães está ligada ao misto de poder — devido ao início da fertilidade — e responsabilidade — por ser a provedora de filhos." Meu pai, sentado a meu lado, ouviu isso e resmungou, cutucando-me nos momentos adequados, orgulhoso da avaliação olímpica de seu psiquiatra.

O AUGE DA VIDA, OU POR QUE AS CRIANÇAS NÃO GOSTAM DE COMIDA MUITO TEMPERADA

Quando estava com setenta e tantos anos, Tolstoi disse: "Hoje, sou como era aos 5 anos." E Santo Inácio de Loyola garantiu: "Dê-me uma criança até seus 7 anos e eu lhe mostrarei o adulto." Já Wordsworth escreveu: "A criança é pai do adulto." Será que o pai também é pai do homem? Acho que sim.

O envelhecimento começa logo depois do auge da vida. Nos Estados Unidos e na maioria dos países desenvolvidos o auge da vida é aos 7 anos. Após essa idade, a chance de morrer duplica a cada oito anos.

Aos 5 anos, nossa cabeça tem 90% do tamanho de quando formos adultos. Aos 7 anos, nosso cérebro atinge 90% do peso máximo; aos 9, chega a 95%; na adolescência, 100%. Sessenta por cento do cérebro são gordura, e seu peso equivale a 2% do peso total do corpo; ele recebe 20% do sangue que vem do coração e consome 20% de todo o oxigênio do corpo.

Entre os 5 e os 10 anos, nossos rins dobram de tamanho, para acompanhar o aumento dos gastos metabólicos do corpo. Aos 6 e 7 anos, os tecidos linfáticos, que produzem anticorpos, atingem o tamanho máximo.

O estômago de um bebê tem a forma de um chifre de vaca; aos 9 anos, a forma de um anzol de pescar; aos 12, de uma gaita de fole, e é quando atinge a maturidade funcional de um adulto.

A média de duração de atividade de uma criança entre os 6 e os 10 anos é seis segundos para atividades de baixa intensidade e três para as de alta intensidade. O filósofo Schopenhauer disse: "Aos 10 anos, o planeta Mercúrio está no comando, e um jovem dessa idade, como esse planeta, caracteriza-se pela extrema mobilidade numa esfera limitada, quando mínimas coisas têm grandes consequências sobre ele." É a perfeita descrição de meu pai como é e sempre foi: um eterno menino de 10 anos.

O crescimento, do nascimento à adolescência, ocorre em dois moldes distintos: o primeiro, do nascimento aos 2 anos, é rápido e desacelera gradualmente; o segundo, dos 2 anos ao começo da puberdade, tem desenvolvimentos anuais mais consistentes. Em média, uma criança de 1 ano tem 75 centímetros de altura; de 2 anos, 90 centímetros; de 4 anos, 1 metro; e uma criança de 8 anos tem 1,30m. Durante os anos do ensino fundamental, o crescimento das crianças diminui para aproximadamente 5 centímetros ao ano. A altura em relação aos colegas não costuma mudar muito depois dos 6 anos, e as proporções de peso tendem a permanecer as mesmas.

O peso segue uma curva parecida. O de um bebê dobra aos 5 meses, quando completa 1 ano o peso triplica e quadruplica aos 2 anos. Entre os 2 e os 5 anos, ganhamos quase o mesmo peso a cada ano: de 1,8 quilo a 2,2 quilos. Dos 6 aos 10 anos, o crescimento se nivela: há uma calmaria entre o crescimento rápido do começo da infância e da pré-puberdade. Nesses anos, engorda-se de 2,2 quilos a 3 quilos por ano.

Entre os 6 e os 11 anos, a cabeça parece aumentar, e as feições mudam muito, devido ao crescimento dos ossos da face. O rosto, literalmente, cresce para fora ou para além do crânio.

O coração de uma criança de 5 anos tem o quádruplo do tamanho do de um recém-nascido. Aos 9 anos, pesa seis vezes mais que ao nascer; na puberdade, quase dez vezes mais. À medida que o coração cresce, assume uma posição mais vertical na cavidade torácica. O diafragma desce, dando mais espaço tanto para o funcionamento cardíaco quanto para o aumento das funções respiratórias.

Quando nascemos, nossa boca é cheia de papilas gustativas, com sensores de sabor no céu da boca, na garganta e na lateral da língua. Por isso, a maioria das crianças pequenas não gosta de comida muito temperada: o palato está coberto de papilas gustativas; então, para elas, um molho de pimenta tem sabor totalmente diverso do que tem para um adulto. Aos 10 anos, mais ou menos, quase todas essas papilas gustativas extras sumiram.

A capacidade de repetir com precisão os fonemas estrangeiros desaparece depois dos 12 anos.

De dois a quatro anos antes da puberdade a maioria das crianças está com 75% a 80% da altura e a metade do peso que terá quando adulta. Pouco antes do início da puberdade o começo e o final dos chamados "ossos longos" (fêmur, tíbia e fíbula) se juntam: o amadurecimento do sistema ósseo e o do sistema reprodutivo são perfeitamente sincronizados. Terrível simetria para nossa forma mortal.

Ninguém sabe o que dá início à puberdade.

Sexo e morte (i)

De vez em quando, um óvulo é ativado ainda no ovário, e começa a se desenvolver sozinho. O resultado, nos mamíferos, é um teratoma. (As células que formam o esperma nos testículos às vezes também produzem teratomas.) O ovo se divide e começa a formar um embrião aparentemente normal, mas não consegue completar o desenvolvimento: o embrião é uma massa disforme de células de vários tipos e de órgãos parcialmente formados — ossos, pele, partes de glândulas e até cabelo.

Um teratoma pode se transformar num teratocarcinoma, um câncer ameaçador que, quando transplantado de um animal para outro, da mesma corrente genética, em experiências de laboratório, cresce sem parar, até matar seu hospedeiro. Mas, se algumas células cancerosas forem retiradas de, por exemplo, um rato e injetadas num embrião de rato em estágio primário, o animal resultante será completamente normal: as células de teratocarcinoma terão seu desenvolvimento freado pelos sinais de desenvolvimento produzidos no embrião em estágio primário.

Em outras palavras: as células cancerosas podem se comportar de forma muito parecida com as de um embrião em estágio primário. Muitos genes responsáveis pelo desenvolvimento posterior de um câncer estão bastante relacionados com a regulação e a diferenciação do crescimento da célula no começo da vida. Os genes que mais tarde terão efeitos devastadores quando manifestados em doenças como Alzheimer parecem ter a mesma forma que no começo da vida, quando têm uma função útil. Num teratocarcinoma, as células germinativas se tornam um parasita voraz do corpo. Há desequilíbrio entre as metas do corpo (que são preservar a saúde e a vida) e as das células germinativas (reprodução).

Cada célula tem uma duração e um momento para se extinguir. Elas podem morrer por agressão ou por suicídio. As causas na morte por suicídio são tão organizadas a ponto de o processo ser muitas vezes chamado de "morte programada da célula", quando são destruídas as que representam uma ameaça à integridade do corpo, como, por exemplo, as células infectadas por vírus, células com dano no DNA ou células cancerosas. Dylan Thomas escreveu um poema que eu adoro e que meu pai abomina:

A força que cria a flor pelo caule verde,
Cria meus verdes anos; a que ataca a raiz das árvores
É a que me destrói.

Sonho na cesta de basquete (ii)

Nós, da equipe Bobcats da Escola Secundária Borel, treinávamos num ginásio pequeno, com baldes largados pelo chão, um linóleo escorregadio e, nas paredes, cartazes de papel pardo que nos incentivavam a vencer. Lembro-me dos treinos que iam até tarde, com muitas corridas rápidas e exercícios de aquecimento. Um dia, o treinador disse: "Pessoal, vou mostrar como bloquear uma jogada para o Dave." Meus amigos correram pela quadra, passando, cortando e bloqueando pra mim. Tudo pra mim. Jogadas ensaiadas para que eu arremessasse da boca do garrafão ou do canto esquerdo, que eram meus lugares preferidos. Parecia que o mundo todo estava procurando me proteger e depois me deixar livre.

Naquele verão, meu pai foi despedido do cargo de diretor de publicidade da Federação Judaica de Assistência Social e aceitou um salário bem menor para dirigir o programa de ajuda aos pobres do condado de San Mateo. Seu escritório era numa sala sem ar-condicionado, onde recebia os donos de mercearia para saber por que eles não aceitavam os cupons de desconto dos fregueses; chamava também os donos de restaurantes e perguntava se eles realmente davam oportunidades iguais para todos os empregados, como anunciavam nas vitrines. Às vezes, nos fins de semana, ele pegava um avião para ir a Sacramento ou Washington pedir mais dinheiro para seu programa. O distrito de Watts, na Califórnia, se rebelou; a cidade de Detroit se animou. Meu pai era adorado pelos integrantes do programa, mas dizia: "Ora, por favor, estou apenas fazendo meu trabalho." Eles o chamavam de Grande Esperança Branca e o convidavam para churrascos, casamentos e jogos de *softbol*. Nos jogos, ele vencia todo mundo. O salário dele era de 7.500 dólares por ano, mas estava feliz. O gueto era dele.

Depois das aulas, eu atravessava a cidade a pé, deixava os livros no escritório de meu pai, virava a esquina e ia jogar basquete com as crianças negras. Criei uma jogada de salto duplo de que meus colegas do nono ano nunca tinham ouvido falar. Em vez de jogar a bola ao saltar, eu juntava os joelhos, ficava um segundo no ar, girava a bola e a jogava ao cair. Meus amigos brancos detestavam minha nova jogada. Parecia dura, artificial, coisa de adolescente, ligeiramente "negra". Quanto mais eu fazia a jogada, mais meus amigos não gostavam de mim, e quanto mais eles não gostavam, mais eu fazia. Na reunião de final de ano, fui eleito "melhor atleta", e meu pai disse que, quando fui receber o troféu, andava como um atleta. Na época, tomei como uma leve zombaria, mas hoje vejo que ele considerava aquilo uma honra.

Do jardim de infância ao nono ano só fiz praticar esporte, pensar em esporte, sonhar com esporte. Aprendi a ler devorando pequenas biografias de grandes atletas. Aprendi matemática somando a média de desempenho dos jogadores (e a minha). Aos 12 anos, completei a corrida de 45 metros em seis segundos, o que fez as crianças da cidade inteira virem à minha escola competir comigo. Em um acampamento de basquete de verão, durante um treinamento de cinco contra cinco, sugeriram ao diretor (que havia se aposentado pouco antes do basquete profissional) que observasse a precisão com que eu passava a bola pelas costas. Ele disse que, quando na ativa, poderia ter me usado como armador principal, e me fez subir para além da minha faixa etária. Lembro quando uma vez dei uma rebatida completa no final da décima segunda entrada e venci o jogo da Little League All-Star; depois voltei para casa, deitei de uniforme na rede no nosso quintal, tomei limonada, comi biscoitos doces e comparei meus feitos com os dos colegas que estavam na *Sports Illustrated* recém-chegada. Lembro-me de pensar: Cristo!, como poderia a vida ser melhor que isso?

Com uma frequência um pouco exagerada, meu pai gosta de citar os versos: "Volte, volte, ó tempo, em seu voo,/ Faça com que eu seja criança outra vez pelo menos esta noite!" Cá está ele, voltando no tempo ao contar: "Sempre gostei da escola. É compreensível, pois eu era muito sociável, raramente estava num dia 'ruim'. Aprendi a ler no primeiro ano com meus três irmãos mais velhos, principalmente Phil, colunista do *New York Sun*. Aprender a soletrar era um prazer e uma surpresa infinitos — ainda é. Também tinha bom desempenho nas pistas de corrida e nos campos de *softbol*. Era uma grande responsabilidade competir com meus colegas de escola — e, geralmente, vencê-los. Em pouco tempo eu tinha amigos que queriam desfrutar minha glória."

Quando meu pai tinha vinte e poucos anos, participou de uma peneira dos Brooklyn Dodgers e sobreviveu até a última rodada, quando um jogador chamado Van Lingle Mungo mandou todos os arremessos do meu pai lá na avenida Bedford. Não se pode negar: herdei os genes esportivos dele. Quando Natalie participou do gol de vitória do seu time de futebol no campeonato municipal, meu pai gritou: "É o sangue dos Shields!"

Da hereditariedade à força de astro (i)

Na certidão de nascimento de meu pai está escrito "Milton Shildcrout". Os documentos do serviço militar dizem "Milton P. Schildcrout" (ele não tinha nome do meio; ele o inventou). Em 1946, quando mudou o sobrenome para Shields, o requerimento citava "Shildkrout" e "Shildkraut". O irmão dele, Abe, usava "Shildkrout"; a irmã, Fay, quando solteira, usava "Schildkraut". Quem se importa com isso? Eu. Quero saber se sou parente de Joseph Schildkraut, que fez o papel de Otto Frank no filme *O diário de Anne Frank*, e em 1938 foi premiado pela Academia por sua interpretação de Alfred Dreyfus em *A vida de Émile Zola*.

Cresci com a forte impressão de que o ator era mesmo primo de meu pai, mas agora meu pai não tem tanta certeza: "Pode ser que sejamos parentes, mas não sei de que lado." Ou então: "Tenho alguma prova concreta de que ele seja nosso primo?

Não." Ou ainda: "Meu irmão Jack era muito parecido com ele, realmente." E escreveu numa carta: "As duas famílias são parentes? Não posso garantir. O que é invenção minha e o que é fato concreto, indiscutível? Não sei. Podemos ser parentes da família de Rudolph/Joseph Schildkraut... acredito sinceramente que sim."

Em 1923, quando meu pai tinha 13 anos, o pai dele, Samuel, levou-o a um teatro iídiche no Lower East Side para ver Rudolph Schildkraut substituir o lendário Jacob Adler como protagonista de uma peça chamada *Der Vilder Mensch* (O selvagem). Rudolph era o selvagem: agarrado a uma corda, jogava-se de um lado ao outro do palco. Terminada a sessão, que era em benefício do sindicato de meu avô (o Sindicato Internacional de Fabricantes de Roupas Femininas), convenceu o segurança de que era parente de Rudolph Schildkraut, e ele e meu pai entraram no camarim.

Num espaço exíguo, Rudolph tirava a maquiagem e a roupa de cena, e ele e Samuel conversaram. Segundo meu pai, o ator disse que tinha nascido na Romênia e depois, quando já trabalhava em teatro, foi para Viena e Berlim. (O nome Schildkraut tem origem russo-germânica: *Schild* significa armadura, e *kraut*, repolho. Somos protetores e defensores do repolho.) Ele, a esposa e o filho, Joseph, foram para Nova York mais ou menos em 1910, voltaram a Berlim alguns anos depois e, em 1920, voltaram definitivamente para os Estados Unidos. (As memórias de Joseph Schildkraut, *Meu pai e eu*, de 1959, confirmam essas datas, que mostram que meu pai deve ter consultado o livro antes de me contar a história.) Meu avô perguntou ao ator se ele sabia alguma coisa do passado da família, de como e quando foram para a Áustria. Rudolph disse que não sabia quase nada. Como ator, era obrigado a ir a muitos lugares, e sua vida e seus interesses eram o teatro e a plateia. Os dois conversaram em iídiche por uns dez minutos; depois meu avô e meu pai foram embora. O pouco que meu pai não conseguiu entender da conversa, meu avô explicou depois.

Meu pai me disse que "durante semanas ele deleitava os amigos e quem quisesse ouvir, contando que ele e o pai tinham estado com o grande astro do teatro austríaco, alemão e iídiche nos Estados Unidos: Rudolph Schildkraut. E mais: o ator era, provavelmente, nosso primo. Nada da conversa entre o ator e meu pai garante isso a mim ou a qualquer pessoa, mas eu queria impressionar meus amigos e vizinhos e logo acrescentei Rudolph e Joseph Schildkraut à nossa família. Eu disse a meu pai: 'Devem ser nossos primos em segundo grau.' Às vezes, eu os promovia a 'primos em primeiro grau'. Rudolph Schildkraut — como você, Dave, sabe — foi para Hollywood e teve uma curta porém bem-sucedida carreira no cinema. Contei a todo mundo que ele era um ator muito melhor do que seu compatriota Emil Jannings."

Adolescência

Lago Cascavel

A testosterona desencadeia o estirão do crescimento; aumenta a laringe, o que faz com que a voz fique mais grave; aumenta também a quantidade de células vermelhas do sangue, a massa muscular, a libido; estimula o desenvolvimento do pênis, do escroto e da próstata; estimula o crescimento dos pelos púbicos, faciais, das pernas, das axilas e as secreções gordurosas da glândula sebácea. Durante o ensino médio tive tanta acne que era como se eu tivesse uma segunda pele. Meus poros soltavam gordura. Eu não beijei ninguém até ter 17 anos.

A acne atacava queixo, testa, rosto, couro cabeludo e atrás das orelhas. Fazia coçar meu pescoço e aparecia às vezes no meu pênis e na barriga, além de cobrir as costas e as nádegas. Era como uma indesejada e monótona tatuagem. Tinha cravos no nariz, cravos nos dedos dos pés, acúmulos de petéquias que acabavam estourando e sangrando; bolinhas brancas que sumiam com um aperto; vergões dilatados que não desapareciam; feridas inflamadas que chegavam ao osso; cicatrizes de aparência horrível e protuberâncias parecidas com verrugas na lateral da cabeça. Aguentei injeções de colágeno, enxertos e esfoliações químicas.

Eu tomava banho com sabões ovais de cor marrom e quadrados verdes e transparentes; suaves sabonetes de bebê que faziam espuma e ásperos sabões que arranhavam a pele. Passava géis especiais, líquidos brancos para limpeza, cremes de lama. Tomava comprimidos uma, duas, três vezes ao dia; antes, durante e após as refeições. Fazia dietas lácteas e não lácteas, não tomava sol ou tomava muito sol. Tomei eritromicina, tretinoína, Cleocin, PanOxyl, Benoxyl, isopropil miristate, polioxil 40 estearato, butilato de hidroxitolueno, hidroxipropul-metilcelulose. Consultei médicos, médicos e mais médicos.

Meu pai pedia para eu, por favor, parar de espremer a cara. Às vezes, ele perdia a calma e dava um tapa na minha cara (como se fosse para me castigar por espremer espinhas à mesa e, ao mesmo tempo, por pena de mim, atacando a origem de todo o problema). Mas, certamente, tinha razão por toda a sua frustração. Minhas mãos estavam sempre na pele, sempre apalpando e arrancando, depois tirando a raiz da lesão. As inflamações criaram um estranho narcisismo no qual eu queria me olhar no espelho, mas evitava qualquer visão mais nítida. Tornei-me especialista em prever que tipo de espelho iria suavizar o efeito e qual pioraria as coisas, embora isso parecesse impossível.

Minha mãe ainda tinha marcas de varíola no rosto, prova de uma infância doente, com manchas róseas no nariz devido às cirurgias para retirada do câncer de pele que teve como prêmio por acreditar, quando adolescente, na cura da varíola por meio de aplicações de raios X recomendadas por inúmeros médicos. (A enorme quantidade de radiação que recebeu foi a provável causa do câncer no seio que a matou aos 51 anos.) Numa esmaecida foto do irmão dela, de uniforme cáqui em Okinawa, o rosto dele parecia estar pegando fogo. Um médico do Hospital de Stanford disse à minha irmã que, apesar de ele ser o mais premiado dermatologista da Bay Area em São Francisco, não havia nada que ele pudesse fazer para melhorar a pele dela até que ela tivesse no mínimo 21 anos. Só meu pai tinha o rosto sem marcas, embora sempre se cortasse ao se barbear, e os óculos deixassem uma marca vermelha em suas sobrancelhas. Por isso, minha mãe dizia que ele também tivera problemas de pele. Os dois costumavam usar argumentos completamente absurdos para explicar quem era o culpado pelas espinhas de meu queixo.

No último ano do ensino médio meu problema com as espinhas assumiu proporções tão catastróficas que a cada 15 dias eu dirigia uma hora na ida e outra na volta para fazer tratamento com nitrogênio líquido num dermatologista no sul de São Francisco. O consultório ficava num cantinho de um centro comercial que tinha uma drogaria Longs na qual, primeiro, eu entregava ao farmacêutico a receita do remédio milagroso do mês. Enquanto aguardava que preparassem o remédio, eu comprava uma caixa gigante de alcaçuz vermelho Switzer's. Abria a embalagem e mesmo (ou principalmente) se a minha pele ainda estivesse sangrando um pouco, graças a toda a violência que tinha acabado de sofrer, eu começava a devorar as balas na fila do caixa. Hoje, acredito que a bala não passava de uma espécie de hóstia da comunhão; era como se, engolindo a bala, minhas suculentas espinhas vermelhas fossem ficar doces e saborosas. Era sorver e me absolver. Lembro como uma espécie de êxtase a pureza da contradição. Minha foto no Livro do Ano teve de ser tão retocada que as pessoas me perguntavam, literalmente, quem era aquele cara.

Em *Is Acne Really a Disease?* [A acne é mesmo uma doença?], Dale F. Bloom diz que, "longe de ser uma doença, a acne juvenil é um processo fisiológico normal que atua de forma a repelir potenciais parceiros até que assim a pessoa angustiada fique depois de alguns anos na idade reprodutiva, e apta emocional, intelectual e fisicamente, a ser pai ou mãe". A tese dele me parece incontestável.

Um estudo revelou que entre os adolescentes com níveis muito altos de testosterona, 69% tiveram relação sexual; 16% dos que tinham os níveis mais baixos disseram não ter tido relação sexual. O nível de testosterona nos meninos é oito vezes maior que nas meninas, responsável por aumentar a massa muscular deles e desencadear o crescimento, que atinge o auge aos 14 anos. Dos 11 aos 16, o nível de testosterona dos meninos aumenta 20 vezes. Aos 16, mais ou menos, o sistema cardiovascular assume o tamanho e o ritmo adulto.

Os cabelos crescem cerca de 2,5 centímetros por mês: mais depressa em adultos jovens e mais rápido ainda em meninas entre 16 e 24 anos. Tomografias do cérebro de pessoas apaixonadas, de mulheres que acabaram de ter um filho, ao ouvirem o choro do bebê e de pessoas sob o efeito da cocaína, têm incrível semelhança. Segundo Daniel McNeill: "Nossas pupilas atingem o tamanho máximo na adolescência, provavelmente como um chamariz do amor, e vão se contraindo lentamente até os 60 anos." Como diria Natalie (e disse mesmo): "É impressionante."

Quando ela me perguntou por que as pessoas grafitam, tentei explicar que os meninos adolescentes precisam destruir o que está em ordem para se tornarem quem eles de fato são. Falei sobre meninos que simplesmente não obedecem à simpática salva-vidas que pede a eles que saiam da água na hora de a piscina fechar: só vão embora quando o salva-vidas afro-americano manda agressivamente que o façam — e então o fazem imediatamente.

Ao telefone comigo meu pai recordou: "Certa manhã de domingo seu avô me disse que iria me ver jogar *punchball*. Havia anos eu jogava, mas era a primeira vez que ele demonstrava interesse em me ver. Nós jogávamos na rua na frente de casa. As partidas só eram interrompidas quando passava uma carroça puxada por cavalo. Meu pai descobriu um lugar de onde assistir à partida, no canto esquerdo do campo. Eu o vi lá e acenei na hora em que ia rebater. Dessa vez, acertei a 'Spaldeen' — era assim que a gente chamava a bolinha da Spalding que quicava bem alto — com toda a força e a bola foi como uma flecha exatamente na direção de meu pai, devia estar à velocidade de uns 100 quilômetros por hora. Meu pai ficou lá, tentando inutilmente não ser atingido. A bola bateu no lado esquerdo do rosto dele e por centímetros não o atingiu no olho."

Segundo o psicólogo comportamental Boyd McCandless, "um jovem *é* o corpo dele, e o corpo é *ele*".

Tolstoi disse: "Li em algum lugar que as crianças dos 12 aos 14 anos, ou seja, na transição da infância para a adolescência, têm tendência a causar incêndios e até a matar. Quando me lembro da minha infância, posso considerar muito bem a possibilidade de o crime mais assustador ser cometido sem finalidade ou intenção de ferir, mas *só por isso*: por curiosidade, ou para satisfazer a um desejo inconsciente de ação."

Cerca de uma dúzia de garotos adolescentes estava em cima de uma pedra angulosa no meio do lago Cascavel, 6 quilômetros a sudeste de North Bend, a uma hora de Seattle. Várias adolescentes também. Fiquei numa balsa, olhando de longe. Os meninos usavam jeans cortados na altura dos joelhos e, quase sem exceção, exibiam o peito malhado. As meninas, também de jeans na altura dos joelhos e com a parte de cima do biquíni, pareciam bem menos torneadas. (No salto de crescimento da adolescência, os quadris das meninas aumentam em relação aos ombros. E os ombros dos garotos alargam em relação à cintura. Garotas de 18 anos têm 20% menos massa óssea em relação ao peso do corpo que garotos da mesma idade.)

A pedra devia ter a altura de um pavimento. Os meninos preferiram saltar do seu ponto mais alto e quase todas as meninas mergulharam no lago também, mas de forma menos exibida, menos perigosa. Uma garota que não entrou na água foi perseguida pela amiga: "Não acredito que você tem 17 anos e não vai entrar na água. Se não mergulhar, não falo mais com você."

Os garotos no lago Cascavel ficaram perguntando uns aos outros sobre os mergulhos: "Que tal? O que você achou?"

É assim: o pênis de um homem normal mede de 7,5 a 10 centímetros quando flácido, e de 12,5 a 17,5 centímetros quando ereto. A variação registrada para um pênis ereto é de 9,5 centímetros a 24 centímetros. Na década de 1930, os manequins de vitrine de roupas, importados da Europa, vinham em três tamanhos, segundo a genitália: pequeno, médio e americano (comparados com povos de outras culturas, os americanos são obcecados com o tamanho dos órgãos sexuais: pênis, seios). O ex-presidente americano Lyndon Baines Johnson costumava urinar na frente da secretária e obrigava sua equipe a se reunir com ele no banheiro, enquanto defecava. Gostava também de exibir o pênis, ao qual chamava de Jumbo; numa conversa pessoal, pressionado pelos repórteres a explicar por que o país estava envolvido na Guerra do Vietnã, LBJ abriu a braguilha, mostrou o pênis e disse: "Por isso." Alguns nativos da Nova Guiné costumam colocar o pênis dentro de uma espécie de cabaça que chega a ter 60 centímetros de comprimento. Quando ereto, meu pênis mede 15 centímetros (média frustrante, entediante), comprovei várias vezes. Embora meu pai seja bem menor que eu, tenho certeza (dei uma olhada discreta) que é muito mais bem-dotado. Não é de estranhar que ele costumasse ser tão fanático por sexo.

Meninos contra meninas (ii)

Ao nascer, a gordura corporal representa 12% do peso do corpo, que aumenta para 25% em seis meses e 30% em um ano. Aos 6 anos, volta a 12% e cresce até o início da puberdade. Após a puberdade, continua a aumentar nas meninas, enquanto nos meninos há uma pequena diminuição.

Durante a fase do ensino médio o desenvolvimento ósseo das garotas está dois anos à frente do dos garotos. As jovens são mais altas e mais pesadas que os garotos e costumam continuar mais altas até os meninos entrarem na adolescência e passarem pelo estirão de crescimento que acompanha a puberdade. Na maioria das meninas, o desenvolvimento máximo do esqueleto ocorre aos 16 anos; nos meninos, aos 19. O namoro entre colegas nessa fase da vida é, por definição, uma incompatibilidade hormonal e uma farsa.

"Aos 17 anos, você tem tendência a amores infelizes", disse Françoise Sagan, escritora que devia entender do assunto.

Nos machos, o desejo sexual atinge o nível máximo pouco antes ou pouco depois dos 20 anos, mas só uma década depois atinge o auge nas fêmeas.

"Quem dera não houvesse idade entre os 16 e os 23 anos,/ ou que os jovens dormissem todo esse tempo/ pois no meio é só emprenhar meninas, desrespeitar os velhos, roubar, brigar", diz o Pastor em *O conto do inverno*, de Shakespeare.*

Dos 15 aos 24 anos os homens têm três vezes mais chances de morrer que as mulheres, principalmente devido a comportamento descuidado ou violento, como acidente de carro, assassinato, suicídio, guerra.

O romancista F. Scott Fitzgerald escreveu para a filha, Scottie: "Pagamos um preço horrendo por uma aventura precoce. Como já lhe disse uma vez, todo rapaz que bebeu aos 18 ou aos 19 anos está agora a salvo dentro da sepultura."

Sonho na cesta de basquete (iii):

Meu pai era técnico de um time de basquete semiprofissional chamado Brooklyn Eagles, formado por Harry Glatzer e o irmão, Nat, que jogavam pela escola Thomas Jefferson (onde os dois cursavam o ensino médio), "mas", segundo meu pai, "depois de formados, não deram em nada"; Max "Puzzy" Posnack, na época capitão do St. John's; Allie Schuckman, também astro no St. John's; Max "Kappy" Kaplan, igualmente do St. John's; Artie Jackson, um jogador negro de "incrível precisão em toda a quadra", e Isador "Midge" Serota, que "passava o dia inteiro jogando pelada de basquete". Os Eagles iam receber 100 dólares por baixo do pano (visto que muitos jogadores eram atletas universitários) para formar o time que jogaria em Yale no Natal.

* Tradução de Barbara Heliodora, *Comédias e romances de W. Shakespeare*, Nova Aguilar, 2008. (*N. da T.*)

Tenho certeza de que há muita lenda na versão contada por meu pai (como em todas as histórias dele). Na última vez que ele tocou no assunto comigo, deu os mesmos e implausíveis detalhes perfeitos de sempre: ele e os sete jogadores foram de carro do Brooklyn para New Haven e "lá pelas quatro ou cinco da tarde nevou um pouco, fazendo com que ficasse ligeiramente mais perigoso dirigir, mas Kappy era um bom motorista. A cerca de 40 quilômetros de New Haven nevou mais e ficou um pouco perigoso dirigir. Íamos devagar, mas sem parar, rumo à quadra de basquete de Yale.

"De repente, sentimos uma batida no para-lama dianteiro. Um corpo rolou por cima dele e caiu na estrada. Tínhamos atingido um homem. Paramos, corremos até uma fazenda próxima e ligamos para o xerife local, que apareceu depois de 15 minutos, mais ou menos, e perguntou a Kappy se ele havia bebido ou estava em excesso de velocidade, principalmente com aquele tempo perigoso. Depois, o xerife olhou o corpo e disse: 'É o velho Polack, o bêbado da cidade. Não deve ter visto você.'

"Estávamos preocupados com a hora: devíamos chegar a New Haven às 18h30. O xerife falou de um fazendeiro que morava perto e fazia serviços de motorista. A essa altura (por volta das 17h30) tínhamos de ficar sem jantar, contratar o fazendeiro-motorista por 20 dólares e chegar ao jogo. O carro de Kappy foi retido como prova e teria de ficar na cidade de Wilton, onde atropelamos o homem. Nós nos apertamos na grande limusine do fazendeiro e chegamos ao ginásio às 19h, com frio e famintos. O pessoal de Yale achou que nós tínhamos furado e estava furioso.

"Vestimos os uniformes, fizemos um aquecimento rápido e o primeiro quarto terminou com os Yalies vencendo por 20 pontos; e ao fim do primeiro tempo Yale tinha 30 pontos de vantagem. No intervalo, Allie e o time engoliram uns sanduíches e refrigerantes. Não era a alimentação indicada para jogadores que entrariam num embate com atletas muito bem treinados, descansados e prontos para encarar aqueles 'sujeitos durões' do Brooklyn. Puzzy teve uma conversa para animar os jogadores e o segundo tempo foi outra coisa.

"Puzzy, Allie e Artie começaram a encaixar os arremessos. O jogo acabou empatado. Tivemos duas prorrogações e perdemos por uma cesta. O capitão do Yale agradeceu e me pagou os 100 dólares, dos quais 20 foram entregues na hora ao fazendeiro-motorista, para que nos levasse à estação rodoviária de Wilton. Entramos no ônibus aproximadamente à meia-noite e chegamos a Nova York lá pelas 6h. Os jogadores foram correndo para o Automat (uma máquina que não existe mais, na qual você colocava as moedas e a comida saía, de pratos quentes a sobremesa). Dividi o dinheiro que sobrou, e cada jogador ficou com um pouco. Eu não ganhei nada. Tínhamos o bastante para o metrô (5 centavos de dólar até o Brooklyn), e o jogo entrou para a história: em pouco tempo, virou lenda na região.

"Um mês depois, Kappy voltou a Wilton para ser interrogado no processo de atropelamento. Foi considerado inocente. Nunca mais jogamos."

Por que as leoas preferem leões de pelo castanho, ou por que homens e mulheres sentem atração por vozes graves

O sistema olfativo — o sentido do cheiro — ignora todo o processo racional do cérebro e só envia informação para as áreas que controlam o sexo e a agressividade. Para acasalar com a fêmea, os *hamsters* machos necessitam do funcionamento desse sistema. Os ratos também, para responder aos sinais de fertilidade da fêmea, assim como as porcas, para se sentir atraídas pelos machos. Nos seres humanos, o olfato não domina mais a reação sexual e não é tão importante quanto para o restante do reino animal.

A visão é o sentido humano mais importante: somos atraídos pela aparência. "Os homens preferem as louras", mas as leoas preferem os machos de pelo castanho, aos quais são atribuídos níveis mais altos de testosterona e genes potencialmente melhores.

Os humanos e diversas outras espécies consideram a voz atraente. Nos humanos, as vozes graves e roucas são consideradas atraentes pelos dois sexos e estão relacionadas também com altos níveis de testosterona e, portanto, em potencial, bom desempenho sexual e bons genes.

O medo e o pavor, e experiências não agradáveis compartilhadas, têm mais probabilidade de resultar em atração mútua. A liberação de hormônios do estresse ativa o sistema neuroquímico do cérebro que cria laços de atração. Numa famosa experiência, uma mulher atraente entrevistou rapazes numa ponte de cordas, 60 metros acima de um rio, e também em terra. No meio da entrevista, ela deu a eles seu número de telefone. Mais de 60% dos entrevistados na ponte de cordas ligaram para ela, e, dos entrevistados em terra, apenas 30% ligaram.

Eu e minha namorada Carla tínhamos 17 anos e nenhuma experiência sexual. Os pingos de chuva caíam fortes como agulhas, mas a varanda dos fundos da casa dos pais dela, com telhado inclinado e revestida de uma tela verde e firme, nos manteve secos. Eu queria dormir ao ar livre, sentir frio. Queria compartilhar doença e arrepio. Carla queria escovar os dentes. Gostava do cheiro dos banheiros, dos espelhos e dos assentos mornos dos toaletes. Com escova de dentes e toalha, ela abriu a porta telada e entrou no corredor de linóleo.

Abri os sacos de dormir e estiquei-os no piso de madeira, afofei as mochilas e enfiei-as nos sacos de dormir. Tirei o banco do caminho e o empurrei para o canto da varanda. Arrumei as coisas e esperei.

— Aqui está tudo molhado, vamos dormir lá dentro — disse Carla, ao voltar.

— Não, a chuva já vai parar — garanti.

Fechei a porta da casa, girei a maçaneta e julguei que a porta estivesse trancada. O único jeito de entrar na casa seria achar a chave em algum lugar da varanda, na manhã seguinte.

Carla entrou nas cobertas e deitou ao meu lado, no saco de dormir dela.

— Como eu estou? — perguntou.

Busquei adjetivos. Queria agradar-lhe, escolher as melhores palavras descritivas.

— Você está beijável. Um sonho. Maravilhosa.

— C-c-co-mo eu estou? — perguntei. Eu gaguejava menos quando estava a sós com Carla do que na companhia de outras pessoas, mas ainda acontecia, de vez em quando.

Carla riu e não respondeu. Sempre que ela perguntava como estava, sabia que, qualquer que fosse a resposta, estava irresistível. Ela queria que eu fosse bonito, mas não era. Minhas espinhas não sumiam; eu não sumia. Eu era o que era. Não era bonito. Carla sabia. Podia ver. Ela não era cega. Mas, mesmo assim, gostava de mim. Gostava de mim por causa da complexidade da minha alma, algo assim. Qualquer um pode ter pele boa (como meu pai tem), olhos azuis (idem), cabelos ondulados (até a meia-idade ele tinha), voz agradável (ele continua tendo).

Nossos dedos se tocaram, se cruzaram, juntamos bem as palmas, apertamos as mãos. Afastei seus dedos médios, ondulei meu indicador entre seus dedos. Segurei a parte de trás de seu pescoço, fechei os olhos, beijei-a. Para minha surpresa, ela se sentou, me beijou, e batemos as testas quando fui abrir meu saco de dormir e escorregar para mais perto dela. Ela riu da minha falta de jeito. Beijei o nariz achatado dela. Juntamos os lábios e viramos as cabeças até eu concluir:

— Estamos destinados a transar esta noite.

— Não sei, não sei se estou preparada. Está frio. Tenho de ir ao banheiro antes — informou.

Ela saiu do saco de dormir, pegou umas coisas na mochila e tentou abrir a porta.

— Está trancada — avisei.

Ela virou a maçaneta e abriu a porta.

— Mentiroso.

— Realmente achei que eu tivesse trancado a porta.

Ela fechou a porta atrás de si sem fazer barulho, enquanto eu me deitava no saco de dormir. Lá fora, os galhos das árvores balançavam como braços quebrados e a chuva escondia o céu, espessa como um lençol-d'água. Eu esperava por Carla, que poderia facilmente demorar algumas horas. Ela demorava no banheiro. Sentia-se segura neles, em casa, trancada. Tinha um kit de banheiro que parecia uma mala. Gostava de limpeza. Conversava sobre toalhas, sabonetes e diversos tipos de atoalhados, sua maciez e conforto. Gostava de brincar com torneiras. Encantada com a beleza, olhava-se horas no espelho, espantada com os defeitos.

De certa maneira e naquele momento, eu era um dos defeitos: não era o rapaz dos sonhos de Carla. Não tinha uma voz rouca e grave. Não era o leão de pelo castanho da leoa.

Há pouco tempo meu pai comentou comigo sobre sua primeira namorada: "Durante uns cinco anos, dos 23 aos 28 anos, saí com uma das amigas da sua tia Fay, Pearl Feinberg, uma jovem alta e muito bonita, cuja figura escultural provocava assovios e exclamações. (Não pense que na época chamávamos de 'sair', mas você sabe o que eu quero dizer.) Pearl era secretária e modelo em meio expediente numa das grandes fábricas de roupas de Nova York. Eu tinha um bom emprego (no *Journal-American*), uma namorada adorável, um Ford conversível marrom-claro para impressionar (de modelo parecido com o atual VW Cabriolet), algum dinheiro. Era como se eu tivesse o mundo inteiro nas minhas mãos de 25 anos.

"Pearl e eu estávamos sempre ocupados quando nos encontrávamos nos fins de semana: cinema, teatro, piqueniques, festas, palestras e jogo de tênis no Highland Park, que era perto. Embora namorássemos seriamente havia cinco anos — todos os nossos amigos esperavam que ficássemos juntos para sempre —, nunca falamos em casamento. A falha era sobretudo minha. Já tínhamos passado da maioridade, mas eu era imaturo demais, medroso a ponto de ter fobia de assumir responsabilidade. Era o rapaz de 28 anos menos sofisticado do hemisfério ocidental.

"O *Journal-American*, como todos os demais diários nova-iorquinos, estava perdendo muita publicidade devido à Depressão, que ainda durava, e fez grandes cortes em seu quadro de funcionários. Em 1938, eu também fui demitido. Consegui arrumar trabalho no *New York Post*, mas fui despedido com seis meses de casa. Passei mais três meses desempregado e, no verão, resolvi arrumar trabalho no Chester's Zunbarg, o resort de verão de Catskills. Eu cuidava das quadras de tênis e de vez em quando tentava ensinar tênis para gordos vendedores de casacos de peles e professores do Bronx. Foi lá, naquele verão, que conheci Helen [a primeira mulher dele], que estava recém-divorciada de um redator da página de negócios do *New York Times* e planejava passar quase todo o verão no resort.

"Helen era uma mulher muito sofisticada, pelo menos para mim. Eu aprendi tudo sobre sexo e política com ela. Na época, já estava muito envolvida com o Partido Comunista. Um ano depois que nos conhecemos ela largou o emprego de bibliotecária em Wall Street para trabalhar como voluntária para o Partido.

"Naquele verão tórrido (refiro-me ao lado emocional, não aos 50 graus que fazia em Catskills) esqueci completamente Pearl. No final da estação, voltei para o Brooklyn e morei com Helen vários meses antes de nos casarmos. Nunca mais vi Pearl.

"Quarenta anos depois, vim de Providence para assistir à sua formatura, meu filho, e passei uma semana com minha irmã Fay, que agora morava num condomínio chique no Queens. Certa manhã, ela foi fazer compras e, ao voltar, a primeira coisa que disse foi: 'Milt, você não imagina quem encontrei no shopping. Não vai adivinhar nunca.' Desfiei o nome dos amigos de juventude com os quais tinha perdido contato.

'Acredite se quiser', disse Fay, 'encontrei sua antiga paixão, Pearl. Ela não tem mais o sobrenome Feinberg: casou-se com um dos rapazes do nosso antigo bairro que jogavam tênis conosco. O sobrenome dela é Richman, o mesmo do falecido marido. Continua linda, está de cabelos grisalhos, tem duas filhas, vários netos e mora no Queens. Deu o número do telefone. Contei que você veio da Califórnia me visitar, e o que está fazendo. Ela disse que gostaria de falar com você.'

"Bom, em 1978, fazia um ano que sua mãe tinha falecido. Eu ainda estava saindo da depressão e um dia antes tinha assistido à nova peça de Neil Simon, *Segundo Ato*, que tratava da angústia e do tormento do personagem principal, um escritor que conhece uma jovem pouco depois de enviuvar. Ele sofre, na dúvida se deveria continuar vendo aquela nova mulher em sua vida. Conta a situação para o irmão — que incentiva o relacionamento, dizendo que a vida precisa continuar — e diz que se sente muito culpado porque ainda é apaixonado pela falecida mulher. O protagonista continua a relação e, quando a cortina desce, casa-se com ela! Detestei o final açucarado e pouco verossímil de Neil Simon. 'Como o personagem podia se casar, tão pouco tempo depois de ficar viúvo?', pensei, ainda sentado no teatro. Como ficavam todas aquelas declarações de amor eterno que tinha feito no primeiro ato para a falecida esposa? Era tudo propaganda enganosa? E os presentes de Dia dos Namorados que ele lhe dava religiosamente todos os anos? Falsos como uma nota de 3 dólares. Foram esses os motivos que dei a minha irmã para eu não ter ligado para Pearl, muito menos a visitado. Mas o motivo principal foi a vergonha de tê-la tratado tão mal, o jeito horrível como terminei nosso caso. Nunca mais liguei nem escrevi. Nada. Uma vergonha. Imperdoável."

Super-heróis

Meu gato Zoomer é profundamente centralizador e social. Assim que espalho meus papéis na mesa de jantar ele se deita em cima deles. Ele cumprimenta a maior parte das visitas andando no colo delas. Sua atividade preferida é deitar horas na frente da lareira enquanto Laurie, Natalie e eu estamos sentados perto, lendo. A segunda é ficar no meio de nós três quando assistimos a um filme; também toma sorvete de nossas taças enquanto fingimos não perceber. De noite, dorme na dobra do pescoço de Natalie, com as patas cruzadas na testa dela. Mas, se fazemos muito agrado a ele, reage a esse excesso de domesticação com mordidas ou arranhões. Zoomer adora se esconder atrás de estantes de livros e atacar de repente quem passa, ou deitar atravessado na estante, com uma pata levantada, e observar a sala, como um leão avaliando a savana, espreitando um antílope. Quer se convencer — e convencer-nos, também — de que, apesar de tão mimado, no fundo é ainda um predador.

Zoomer carrega "seu" urso — que Natalie chama de sua namorada — de um cômodo para o outro, e embora tenha sido castrado há anos, ele o lambe dia e noite, uivando com uma fúria de conquistador. Passa horas arranhando a janela de seu imbatível inimigo Fireball, mas, se tem oportunidade de enfrentá-lo focinho a focinho, ele se acalma, finge desapontamento e se esconde. Nas raras vezes em que sai de casa, eriça os pelos, apavorado, a qualquer provocação, e entra sob qualquer pretexto. Precisa se convencer de que é um cara durão, mas, na verdade, Zoomy é um gatinho.

No filme *Homem-Aranha*, quando Peter Parker é picado por uma aranha e começa a se transformar no Homem-Aranha, tio Ben diz a ele: "Você está se transformando, e isso é normal. Só tenha cuidado com a pessoa em que está se transformando, certo?" A mudança de Peter, de sujeito maçante em aranha, é similar à sua transformação de menino em homem. Antes de ser o Homem-Aranha, usava a camisa para dentro da calça, no estilo careta; depois, usava camiseta e camisa fora da calça. Não dá para controlar o sujeito, nem seu peito recentemente espetacular e sua visão, agora 20/20. Para Peter, o amadurecimento sexual é como roubar o fogo dos deuses: "Sinto esse poder todo, mas não sei o que significa, como controlá-lo, nem o que fazer com ele." Os meninos adolescentes querem acreditar que o instinto sexual supera e transfigura o mundo cotidiano. Uma das coisas incríveis de meu pai é que, aos oitenta e tantos anos, ele ainda acreditava nessa transfiguração.

Na primeira vez que o Homem-Aranha salva M. J., ela conta ao namorado Harry que a experiência havia sido "incrível". "Como assim, incrível?", ele quer saber. Na segunda vez que é salva pelo Homem-Aranha pergunta a ele: "Dessa vez posso lhe agradecer?" Então, tira sua máscara até a altura da boca e lhe dá um beijo apaixonado, que os deixa num êxtase absoluto. O roteiro deixa bem claro que a proeza recém-descoberta por Peter é a procriação, ou, mais exatamente, a masturbação. "Ele mexe o pulso, tenta ejacular, mas não consegue." Nas três vezes em que salva M. J., os dois ficam numa posição que lembra muito o sexo missionário: o Homem-Aranha em missão. Quando encarna o personagem Peter Parker, sua atividade sexual é estacionada; como Homem-Aranha, ele consegue ter o lendário cavalgar do voo sexual sem nenhuma das confusões emocionais posteriores.

Homem-Aranha fala da concomitância do nosso eu comum, que é assexuado, com o lado Garotão, que é guiado pelo sexo. Todos os personagens masculinos do filme sofrem essa divisão. Até o ladrão "cara de esquilo" que rouba o dinheiro da Fundação de Luta de Nova York e depois mata Ben num sequestro de carro sussurra "Obrigado" e dá um doce sorriso quando Peter cede o lugar para ele no elevador. Agressividade e humildade estão em constante diálogo e confusão. (Diz Natalie: "Esse filme mostra que todo mundo tem um lado oculto. Nem sempre as pessoas se mostram como realmente são.")

Há alguns anos, numa tarde de sábado em Seattle, dei umas braçadas no lago Green, enquanto meu pai nadou um pouco, depois levantou halteres, fez sauna e cochilou, o que posteriormente negou com veemência, como sempre. No vestiário, um menino de 10 anos começou a cantarolar a música-tema de *Batman*, que meu pai só reconheceu após eu dizer o que era. Em menos de um minuto a melodia circulava pelo vestiário todo, entoada por uns 12 meninos. Alguns, a sério; outros, brincando. Uns estavam sentados nos bancos; outros brincavam de bater a toalha na bunda dos colegas. Alguns dançavam nus, outros continuavam se vestindo. Foi surpreendente, misterioso, intrigante e lindo, e ridículo e emocionante, embora meu pai tenha discordado: ele abomina quase todas as manifestações de lazer de massa (com a grande exceção dos esportes). Explicou-me no carro, a caminho de casa: "A cultura popular não é a comunidade real — é um *substituto* dela."

No final do conto *The Burning House* (A casa em chamas), de Ann Beattie, o casal que está se separando afinal se enfrenta. Ela é a primeira a falar.

> — Quero saber se você está chegando ou saindo de casa.
>
> Ele respira fundo, expira, continua deitado, sem se mexer.
>
> — Aprovo tudo o que você tem feito — diz ele. — Acertou em voltar para a escola; tentou fazer a coisa certa encontrando uma amiga normal como Marilyn. Mas cometeu um erro a vida toda: rodeou-se de homens. Deixe-me dizer-lhe uma coisa: todos os homens, mesmo os loucos, como Tucker; os gays, como a Rainha de Maio, como Reddy Fox; ainda que tenham apenas 6 anos de idade, vou lhe dizer uma coisa sobre eles — eles pensam que são o Homem-Aranha, Buck Rogers e o Super-Homem. Sabe o que todos nós sentimos por dentro, que vocês não sentem? Que vamos subir às estrelas.
>
> Pega a mão dela.
>
> — Estou vendo tudo isso de cima, do espaço. Eu já fui — ele sussurra.

Super-homem.

Meu pai mora em Woodlake, um condomínio para idosos, na Bay Area, com áreas para a prática de esportes. É um lugar onde os velhos durões vão para morrer, mas pensam que é um campo de treinamento de Olimpíadas: lá tem água mineral e *frisbees*. Além de banheiras Jacuzzi, sauna, quadras de tênis, sala de halterofilismo, salão de bingo, de dança, estacionamento asfaltado, carros turbinados, apartamentos de cimento branco, chorões-da-praia crescem por todo canto. Os patos grasnam num lago artificial. Septuagenários bem conservados, bronzeados, andam pelo gramado artificial. Vovós de biquíni fio dental emergem da piscina com agilidade e vigor. O grupo de papai corre em volta das quadras, de uniforme de tênis, chapéus desengonçados, tênis dos modelos mais avançados e óculos de sol de astros de cinema, segurando as enormes raquetes como se fossem bengalas e redes de caçar borboletas. O apartamento-estúdio de meu pai é impressionante só pela quantidade de raquetes, prensas de raquete, latas de bolas de tênis, camisas, shorts, bandanas, moletons, meias de tênis, sapatos, cuecas, tudo espalhado. Não é um apartamento ocupado por meu pai. É uma loja para tenistas profissionais abarrotada.

Em quase todo texto que ele escreve em sua velha Remington para a aula de redação no condomínio Woodlake (às quartas-feiras, de 15 em 15 dias o professor recebe os alunos, que são: meu pai, uma dúzia de mulheres e um dentista aposentado), ele se representa como um equilibrado "tudo-bem", o Sr. Bonachão. Ele teve mais de 50 empregos em jornalismo, relações-públicas e assistência social; foi despedido de vários; sofreu como maníaco-depressivo durante 50 anos; foi internado e recebeu eletrochoques inúmeras vezes — é um gênio desorientado. A comediante Lily Tomlin estava pensando nele quando disse: "A linguagem foi inventada devido à enorme necessidade humana de reclamar." Meu pai sempre atirou pedra em cachorro que morde, mas certa vez preveniu o amigo, sabiamente, de que "Não se joga pedra em cachorro que morde". Meu pai é a única pessoa no mundo com menos sentido de orientação que eu, mas descreve outro amigo assim: "Lou consegue se perder num abrigo de carro. Tem o pior senso de orientação de todos os motoristas do estado da Califórnia." Ele sempre se perdoa com muita facilidade. Eu costumava insistir para que ele largasse aquele comportamento machão até perceber que era uma maneira de ele se animar, de evitar indulgentes histórias de despedida e de boa-noite, de convencer-nos, e a si mesmo, de que continuava um sujeito durão do Brooklyn que ainda não está preparado para morrer.

Umas após as outras, suas histórias são construídas sobre mentiras autoelogiosas: os filhos do primeiro casamento, dos quais ele está distanciado, não compareceram à festa dos 95 anos, mas agora vêm e trazem presentes. Ele é careca desde os 40 anos, mas agora "está quase sem cabelos". Minha mãe morreu aos 60 anos, e não aos 51. Escrever, para ele, é uma oportunidade de "dourar a pílula". Meu pai ainda é um leitor voraz, e condena sentimentos açucarados na vida e na literatura (há pouco tempo, disse ter sido o brutal e austero *Desonra*, de J. M. Coetzee, o melhor romance que tinha lido em dez anos) — e por isso seu tom otimista fascina e surpreende.

Nos contos que escreve, meu pai fala como um exibido; na realidade, ele é obcecado por seus fracassos e resistente como esmalte de unha; eu queria que ele escrevesse sobre fraqueza, sobre a própria fraqueza, mas ele cita um amigo que diz: "Devemos conhecer as mulheres, curti-las, comê-las e esquecê-las." Meu pai, um Sam Spade.*

Ele cresceu em meio à pobreza com quatro irmãos e duas irmãs (ficou órfão de mãe aos 12 anos e uma das irmãs morreu quando ele tinha 16), mas a nostalgia impera: "Ah, aqueles tempos, aqueles bons velhos tempos: a idade da inocência, os verões

* Protagonista do romance *O falcão maltês*, de Dashiell Hammett. (*N. da T.*)

de tanta alegria!" "Nunca mais tive aquela sensação de estar em casa como naquele apartamento 489, em New Jersey." "A Sra. Mason me apoiava muito: às vezes me punha no colo ou enxugava minhas lágrimas."

Meus pais se separaram pouco antes de minha mãe morrer, há 30 anos; eles tinham — e estavam de acordo sobre isso — uma relação péssima. Mas, agora, "era um casamento sólido como o rochedo de Gibraltar". Ao pedir uma licença ao patrão, meu pai diz a ele que "estava enfrentando uma revolução palaciana, e os três revolucionários, em casa, preparavam-se para depor o rei". O rei ele não era. Quero que ele escreva sobre ter de lustrar para sempre a coroa da rainha, conforme as ordens detalhadas e sempre mutantes dela. Quero perguntar a ele: qual a sensação daquilo? Quero saber: como é estar em sua pele? Como são as coisas no interior desse domo careca e doente? Por favor, pai, quero dizer: somente o que está no nível do solo — nada de visão aérea nem de verborragia vã.

Sonho na cesta de basquete (iv e v)

O time júnior do colégio jogava logo depois do time principal. Ao final do terceiro quarto do jogo principal, todos nós, do JV,* usando nossos melhores suéteres, bons sapatos e únicas gravatas, sairíamos do ginásio para nos trocar para o jogo. Eu gostava de sair exatamente quando o jogo do time principal estava ficando interessante. Gostava que todo mundo nos visse como um grupo, um grupo ao qual eu pertencia, e que todos nos desejassem boa sorte; eu adorava fazer parte da multidão e sair dela para ir jogar. E então, quando eu jogava, sabia que a multidão estava lá, mas ela deslizava na distância, como os refletores sobre nossas cabeças.

Quando calouro, eu era escalado como arremessador principal, o artilheiro, sempre que nosso time enfrentava uma defesa

* JV ou Junior Varsity é a equipe desportiva júnior de uma universidade ou colégio. (*N. do R.T.*)

por zona, e eu acertava três ou quatro cestas seguidas, forçava o outro time a sair da zona e depois ia para o banco. Eu não era criativo. Não conseguia vencer ninguém no drible, mas sabia arremessar. Era só me dar algum espaço e uma rede — é pedir muito —, e eu estava como o peixe na isca.

Nos meus anos como calouro e como veterano, o técnico do time me disse que eu tinha de aprender a levar a bola até a cesta e disputá-la com os grandalhões no garrafão. Eu não queria fazer isso, pois sabia que não podia. Já desconfiava que era lento.

No verão seguinte, joguei basquete. Não quero dizer com isso que eu participava de alguns jogos quando não estava trabalhando na A&W, ou que tentava jogar algumas horas todas as tardes. Quero dizer que, no verão de 1972, joguei basquete. Ponto. Nada mais. Nada que sequer chegasse perto de outra coisa. Naquele verão, o dia inteiro, o verão inteiro, joguei pelo menos até as dez da noite.

A quadra do colégio era protegida por um anteparo de cacto-margarida e pelos muros da escola. As redes eram presas em aros verdes nas tabelas em forma de meia-lua, boas só para arremessadores de primeira. A quadra ficava numa colina gramada com vista para a rua; quando imagino o Paraíso, penso naquela quadra durante aquele verão: camisas sobre a pele, marcação cinco por cinco, correndo até vencermos, exaustos. Eu jogava horas sozinho; com amigos; contra amigos; com pessoas que nunca tinha visto antes nem jamais veria de novo; com homens de meia-idade que usavam moletom da faculdade e gostavam de botar a mão no meu traseiro quando me marcavam; com os irmãos mais novos de amigos, que não acreditavam em como eu era bom; com atletas da Faculdade San Mateo que queriam manter a forma durante o verão e disseram que eu poderia ser um bom jogador; com técnicos que diziam que o futuro deles dependia do meu desempenho; com os donos de uma livraria pornográfica, que perguntaram se eu gostaria de participar de um filme de arte; com meu pai, que me perguntou o que tinha acontecido com a ideia de trabalho em equipe.

Eu jogava no asfalto, mas também em ginásios; em minha mente; na chuva; com ventos que controlavam a bola; sob sol escaldante. Usava pesos de couro nos tornozelos, que só tirava para dormir — assim minhas pernas ficariam mais fortes, e eu poderia pular mais alto. Lia todos os livros existentes sobre a técnica do jogo. Pulava corda dentro de casa, em volta do quarteirão, subindo escada, passeando com o cachorro. Sozinho, treinava seguindo um livro de instruções. Fazia alguns arremessos livres e "bandejas" dos dois lados da quadra, com cada uma das mãos; arremessos "em gancho"; arremessos de todos os cantos da quadra; com giro; arremessos em movimento e após o passe — "tapinhas" para dentro da cesta. Tudo repetido infinitas vezes. Eu queria ficar com os ombros tão fortes, os pulsos tão firmes e o olhar tão penetrante e cruel quanto os de Rick Barry, estrela dos Warriors. Após algum tempo, tinha a impressão de que minha cabeça era o aro, e meu corpo, a bola. Eu tentava colocar minha cabeça inteiramente dentro do meu corpo. O basquete se jogava sozinho. Nessa altura, parei de jogar, mas mantive o sentimento.

Meu pai então me dizia: "Basquete não é só arremessar a bola. Você tem de aprender o resto do jogo." Ele colocava latões de lixo em volta da quadra para eu correr entre eles, depois voltar de costas; driblar com a mão direita, mão esquerda, entre as pernas, por trás. A toda velocidade, eu tinha de atirar a bola numa calha inclinada, de forma que ela voltasse para mim como um passe perfeito para rebater para uma bandeja — o resto do jogo, ou pelo menos era o que eu achava.

O Sr. Rossi, técnico do time principal, era magro, mas forte, e rápido, e quase todos nós acreditávamos quando ele contava dos tempos em que era líder de campo em Santa Clara. Ele nunca falava muito. Exibia um sorriso fechado, mas, de vez em quando, agarrava alguém pela camisa e o encostava num armário do vestiário. Depois, sorria de novo.

Os primeiros jogos do meu terceiro ano eu comecei como ala do time principal. No primeiro quarto de tempo contra um time de Redwood City, peguei a bola na cabeça do garrafão, ginguei para a esquerda, aproveitei um bloqueio pela direita e infiltrei em direção à cesta — algo raro para mim. Meu marcador se manteve ao meu lado, e quando subi para a cesta ficamos no corpo a corpo. Se seguisse em frente, cometeria uma falta de ataque. Tentei girar em torno dele, mas não fui ágil o suficiente para mudar de posição no ar. Bati na cintura do cara de Redwood City e girei 180 graus, caindo sobre a perna. Minha coxa esquerda bateu na minha orelha direita. Xinguei até a dor diminuir.

Quebrei o fêmur e passei o verão num aparelho de tração no hospital. O médico interpretou de forma errada a radiografia e tirou o gesso cedo demais; então tive de colocar um parafuso de alumínio próximo ao osso, usar uma tala funcional e andar de muletas o restante do ano. (Retirei o pino faz pouco tempo, sem motivo especial — apenas porque me assustava pensar em um dia ser enterrado com um "objeto estranho" no corpo. E isso seria uma violação da lei judaica. Não que eu vá ser enterrado — serei cremado. Nem que eu seja uma pessoa religiosa — sou ateu. Mesmo assim, deixar o pino me parecia uma sombria violação da ordem das coisas.) No outono, a tala foi retirada, e meu pai tentou me treinar para recuperar o fôlego e a velocidade, mas desistiu quando ficou óbvio que eu não estava entusiasmado. No último ano, fui o décimo jogador num time de dez e mantive um resumo das partidas, que virou uma coluna de esportes no jornal da escola. Logo percebi que eu era melhor em descrever e analisar o basquete que em jogá-lo. Eu não perdoava nossa equipe medíocre, e o técnico me chamava de Ás (como repórter Ás), pois eu certamente não era sua grande águia da bola. Podia arremessar quando estava solto na área, mas não podia marcar ninguém que fosse rápido, ou driblar quem me marcasse muito. Entrei no papel do cara com todas as respostas e explicações, o cara bem-informado que fica no banco e que sabia como as marcações por zona deveriam funcionar, mas que não tinha nada a acrescentar na quadra. Para grande decepção de meu pai, eu não só não seria atleta profissional como também estava me tornando um cronista esportivo, como ele fora e deixara de ser a vida toda, sempre com muita satisfação. Ouça esse trecho de viagem-pelo-caminho-da-memória, que ele escreveu há alguns anos para o jornal local:

> Há 75 anos eu era da redação do *Liberty Bell*, o jornal da Escola Thomas Jefferson, e escrevia textos quase imortais sobre os times e as atividades esportivas da escola. Nossas equipes de beisebol e de futebol americano eram formadas por eternos perdedores que transformaram em ciência a arte de perder. Mas nossos times de basquete eram outra coisa. Ganharam duas vezes o campeonato do bairro, e quando eu estava no último ano, chegaram às finais da cidade.
>
> Nós jogávamos pela Evander Childs, uma escola do Bronx, na disputa pelo título New York City. O placar final desse jogo foi 27 a 26. Isso mesmo: 27 a 26. Em 1928 e pelos 12 anos seguintes não havia regra de 45 segundos quando você estava com a posse da bola; havia bola ao alto no centro da quadra após cada cesta, e o arremesso parado com as duas mãos era o único que os jogadores faziam.
>
> Perdemos esse jogo nos segundos finais, quando George Gregory, que jogava pelo All-City Center, da Evander

Childs, atirou de costas a bola na cesta, num lance disputado a pouco mais de 2 metros da cesta. Durante o percurso de uma hora de metrô para casa alternei xingamentos com um choro copioso e convulsivo. No dia seguinte, continuei naquele "Não-acredito-ou-não-posso-acreditar-no-que-aconteceu", quando contei o jogo para meus amigos do quarteirão.

Eram outros tempos, outros valores.

Não deixo de visitar meu pai na primavera para garantir que vamos assistir juntos aos *playoffs* da NBA. Ele é superfã dos caras que tentam fazer tudo sozinhos, como Kobe Bryant e Allen Iverson. Jogadas individuais. Ao mesmo tempo, o que é totalmente contraditório, ele critica com muxoxos (tsk-tsk-tsk) cada passe mal dado, cada exemplo de defesa matadora, compara o espírito de equipe — ou a falta dele — de cada time com o do time do New York Knicks de 1970. Vive pelo corpo em movimento.

Morrer só um pouco

Enquanto muitos meninos querem ser super-heróis que dominam o planeta, garotas anoréxicas se distanciam do mundo e da sexualidade. Meninos adolescentes tentam ficar fortes e agressivos, mas garotas anoréxicas tentam ficar fracas e frágeis. A anorexia, o contraponto feminino da violência e da fantasia heroica masculina, tem origem direta na poderosa influência da pressão do grupo sobre o adolescente. Adolescentes desenvolvem anorexia como reação específica a mudanças sexuais. As meninas ficam anoréxicas porque tentam atingir um ideal cultural de extrema magreza e/ou se dessexualizar. Não querem ter cintura nem seios e temem o corpo em desenvolvimento, engordando. A garota anoréxica, exaurida, cansada, sem menstruação, com suas características sexuais secundárias adiadas devido à má nutrição, retarda a entrada na idade adulta.

Uma superstição, entre os povos "primitivos": se uma mulher tocar num cadáver, deixará de menstruar.

* * *

Noventa por cento dos anoréxicos são mulheres. Setenta por cento das mulheres dizem que se sentem deprimidas, culpadas e envergonhadas quando veem modelos nas revistas de moda. Noventa e cinco por cento das pessoas que fazem programas de emagrecimento são mulheres. Noventa e oito por cento das mulheres recuperam o peso que perderam com regimes. As mulheres se consideram gordas se estiverem 7 quilos acima do peso normal, enquanto os homens só se acham gordos quando estão 18 quilos acima da média, nos Estados Unidos. Meu pai sempre teve um orgulho de garota por sua cintura muito fina, e o primeiro comentário que faz quando me vê é sobre se engordei ou emagreci. O maior elogio dele é: "Você está esguio como um bambu." Oitenta por cento das pessoas que removem parte do intestino delgado para emagrecer são mulheres. Cinquenta e cinco por centro das adolescentes acham que estão acima do peso — apenas 13% realmente estão. A anorexia é a doença psiquiátrica com o mais alto índice de mortalidade. Onze por cento dos americanos abortariam se soubessem que o feto tem tendência à obesidade. Quando se pede a uma criança de 5 anos que descreva uma pessoa bonita, ela sempre escolhe as imagens que mostram alguém magro. Crianças no ensino fundamental têm comportamento mais negativo em relação a crianças obesas que em relação às de comportamento agressivo intencional e repetido (conhecido como *bullying*), as portadoras de deficiência ou as de outras raças. Os professores sempre subestimam a inteligência de crianças gordas e superestimam a de crianças esguias. Alunos corpulentos têm menos chance de receber bolsas de estudo. Os anoréxicos costumam ter lanugem, um pelo macio e fino, que cresce para compensar a perda de células gordurosas, permitindo ao corpo manter a temperatura. Eles têm também muitos dos sintomas físicos da inanição: barrigas distendidas;

cabelos opacos e quebradiços; amenorreia, nas mulheres; fraqueza; vulnerabilidade a infecções, assim como as características psicológicas dos famintos: são deprimidos, irritáveis, pessimistas, apáticos e preocupados com comida. Sonham com banquetes.

Frases de garotas e de mulheres citadas por Kim Chernin no livro A *obsessão: reflexões sobre a tirania da magreza*:

> "Ouvi falar nessa doença, anorexia nervosa, e fico procurando alguém que a tenha. Quero ficar perto dessa pessoa — acho que assim pode ser que eu pegue a doença."
>
> "Uma das minhas primas costumava jogar comida embaixo da mesa quando ninguém estava olhando. Acabou ficando tão magra que precisou ser hospitalizada. Sempre tive admiração por ela."
>
> "Fico constrangida de ter bulimia — é uma doença tão 'patricinha'."
>
> "Não me incomodo que demore: um dia consigo que meu corpo me obedeça. Vou fazer que ele fique magro, firme e duro. Vou conseguir, mesmo que eu morra."
>
> "Ter controle sobre o corpo vira a realização extrema. Você faz do seu corpo um reino todo seu, onde você é o tirano, o ditador absoluto."
>
> "Olha como estou magra, mais até do que você queria. Você não pode me obrigar a comer mais. Estou controlando meu destino, mesmo que meu destino seja morrer de fome."
>
> "Recebo muitos elogios. Meus amigos ficam com inveja, mas fiz novos amigos. Caras que nunca tiveram consideração por mim me convidaram para sair."
>
> "Detesto dizer isso, mas prefiro tomar um porre a transar."
>
> "Em todos esses anos de trabalho como psicoterapeuta jamais encontrei uma garota que gostasse do próprio corpo."

* * *

Eu tinha vinte e poucos anos. Antes de tirar a roupa, ela disse que precisava me contar uma coisa: tinha herpes. Loucamente apaixonado pelo feitiço que a vadiagem dela exercia, achei o eventual celibato forçado extremamente erótico, como um cinto de castidade torna mais atraente o que ele tranca. Acabamos morando juntos, e quando a paixão acabou o herpes se tornou tema de discussão entre nós. Ela sugeriu que a gente se casasse, e se eu pegasse herpes, qual o problema? Eu sugeri que ela ao menos considerasse algumas das opções que a medicina moderna nos oferecia.

Por inúmeras razões, nós não fomos feitos um para o outro, mas o que me interessa nesse momento é, na falta de palavra melhor, o significado fortuito do vírus: quando eu estava apaixonado, ele a erotizava; quando me desapaixonei, o vírus me repelia. O corpo não tem significado. Nós damos significados a ele.

Como diz a psicóloga Nancy Etcoff, em A *lei do mais belo*: "Num contexto em que só um rei pode controlar a quantidade de recursos alimentícios e trabalho a fim de comer o bastante e não fazer esforço físico, o que o torna gordo, são os sinais de fartura o que confere prestígio. Uma pessoa magra é a que é pobre demais para obter as calorias, e talvez faça tanto esforço físico que não consegue manter o peso. Quando mulheres pobres são gordas (pois comida calórica e pouco nutritiva é barata e disponível, e essas mulheres são menos informadas sobre os perigos que elas oferecem, e não têm acesso à dispendiosa alimentação saudável), então está na moda ser magra, e dietas restritivas e exercício passam a ser o que dá prestígio."

No livro A *obsessão...*, uma mulher magra diz: "Não suporto gordas. Se há uma no banco de uma lanchonete ou de um ônibus e não existe outro lugar para sentar, não vou lá ou não me sento no lugar."

"É como enxergar a Morte", diz outra mulher sobre uma gorda no supermercado. "A empresa deveria pagar para ela sair daqui. Quem pode ir para casa jantar bem, com aquilo na cabeça?"

A forma como meu pai ridiculariza os homens barrigudos: dizendo que são contrabandistas de melancia.

Todos os meses Laurie e eu fazemos disputas alimentares, embora nenhum de nós seja gordo. "Quer mais um pouquinho?" "Fiz pão de banana para você." O que estamos fazendo? Cada um está dizendo que o outro é lindo; mas eu estou querendo dizer que faço qualquer coisa por amor.

Jejuar libera a pessoa das necessidades e dos desejos carnais; prepara-a para visões e transes. Moisés jejuou 40 dias antes de receber os Dez Mandamentos. Jesus jejuou 40 dias antes da Revelação. Os santos medievais (sobretudo as santas) jejuavam para demonstrar sua pureza e santidade, e se o jejum parecesse ir além do que um humano é capaz de suportar, era prova da graça de Deus. No passado, com o controle da respiração as freiras eram capazes de interromper a menstruação e reduzir a necessidade de comer.

O jejum é uma constante nas santas. No século XIII, Margarida de Cortona disse: "Quero morrer de fome, para saciar os pobres." Teresa de Lisieux morreu tuberculosa em 1897, pouco depois de completar 25 anos. Já doente, com hemorragia intestinal e vomitando até a água que bebia, era atormentada por imagens de banquetes. Gemma Galgani morreu em 1903, também de tuberculose e aos 25 anos. Ela sonhava com comida e perguntou a seu confessor se seria certo pedir a Jesus para fazer com que ela perdesse o paladar. A permissão foi concedida. Combinou com Jesus que iria expiar, por meio do próprio sofrimento, todos os pecados dos padres, e passou 60 dias vomitando sempre que tentava comer.

Em 1859, o médico americano William Stout Chipley publicou um artigo sobre o que ele chamou de sitofobia — medo de comer. Em 1868, o médico inglês William Withey Gull (que era suspeito de ser Jack, o estripador) citou pela primeira vez a anorexia nervosa. Em 1873, ele fez uma palestra sobre essa doença. No mesmo ano, o médico francês Charles-Ernest Lasègue publicou um longo artigo sobre o que chamou de "anorexia histérica". Encontrou os seguintes sintomas: amenorreia, aumento da sede, distensão e perda da elasticidade da pele da barriga, prisão de ventre crônica, pele pálida e seca, pulsação acelerada, cansaço com facilidade, vertigem ao levantar. Todos esses sintomas ainda estão associados à anorexia.

No final do século XIX, um apetite moderado era prova da delicadeza e da elegância de uma mulher. Uma jovem que comesse muito era considerada "com apetite de peão" e motivo de piadas e brincadeiras. As mulheres da época vitoriana, mesmo depois de terem filhos, eram aconselhadas a jamais demonstrar que estavam com fome. Se confessassem fome, esperava-se que quisessem apenas pequenas quantidades de comida — leve, doce, sofisticada —, e nunca carne, que se acreditava estimular o desejo sexual. O fato de uma mulher apreciar uma fatia de rosbife sugeria uma natureza ordinária, que não se esperava dela.

Em 2004, Hilary Mantel escreveu: "Por que as mulheres ainda se sentem desprezíveis? Parece que hoje só se pode conseguir o corpo ideal por meio da cirurgia plástica. A mulher idealizada tem salário de diretor-presidente, seios de boneca inflável, ausência de quadris, vagina sem pelos e pequena como a de uma menina de 6 anos. O mundo fica cada vez mais duro. Não há como atender às suas exigências. Não é de estranhar que algumas garotas queiram escapar. A anorexia parece uma atitude louca, mas não acho que seja loucura. É uma forma de encolher-se, reservar-se, preservar-se, de libertar-se das complicações sexuais e emocionais. Essa doença parece dizer, como o Cristo: *noli me tangere*: Não me toquem, afastem-se. Durante um ano ou dois, pode ser uma estratégia válida; ficar anêmico; estar fora do jogo; morrer só um pouco; alimentar o ser interior enquanto mata de fome o ser exterior; ganhar tempo. Afinal de contas, a maioria dos anoréxicos se recupera. A anorexia pode ser uma acomodação, uma estratégia de sobrevivência."

Em *Cimbeline*, de Shakespeare, a personagem Imogênia parece morrer aos 15 anos. Na sepultura, irmãos, Guidério e Arvirago, cantam um hino fúnebre diante do que pensam ser o corpo sem vida da irmã estendido no caixão: "Rapazes e donzelas na flor da idade devem,/ Como os limpadores de chaminé, voltar ao pó." Então, Imogênia abre os olhos e ressuscita.

O VELHO PROBLEMA MENTE-CORPO

Segundo a Lei Federal Americana para Etiquetagem e Embalagem de Cigarros todos os anúncios de produtos com tabaco devem incluir um dos quatro avisos seguintes do Ministério da Saúde:

O MINISTÉRIO DA SAÚDE ADVERTE: Fumar causa câncer de pulmão, doenças do coração, enfisema e pode complicar a gravidez.

O MINISTÉRIO DA SAÚDE ADVERTE: Fumar causa grandes riscos à saúde.

O MINISTÉRIO DA SAÚDE ADVERTE: A fumaça do cigarro contém monóxido de carbono.

O MINISTÉRIO DA SAÚDE ADVERTE: Fumar durante a gravidez pode causar danos graves ao feto, além de parto prematuro e nascimento de bebês abaixo do peso.

* * *

Os quatro avisos devem ser veiculados com a mesma frequência, mas os fabricantes de cigarro podem escolher quando usar cada um deles. Conforme a Lei Federal, cada uma das quatro advertências deveria ser anunciada 25% das vezes, mas a pesquisa feita em 52 anúncios de 18 revistas mostra que o aviso para mulheres grávidas é mais veiculado em revistas masculinas (*Sports Illustrated*, *Esquire*, *GQ*), 53% das vezes, e apenas 20% nos anúncios de revistas femininas (*Mademoiselle*, *McCall's*, *Ms.*, *Vogue*, *Working Woman*).

O aviso de que a fumaça de cigarro contém monóxido de carbono está em 37% dos anúncios das revistas femininas, mas em nenhum das revistas masculinas. Nos primeiros casos, costumam mostrar mulheres jovens, despreocupadas e de aparência menos séria. O monóxido de carbono é um gás venenoso que interfere nos mecanismos de oxigenação do corpo; os anunciantes de cigarros parecem admitir que as mulheres, sobretudo as jovens, estão menos conscientes disso que os homens.

A revista com o maior número de anúncios de cigarro, *Mademoiselle*, tem público leitor formado por mulheres jovens. Sabe-se que 88% das pessoas começam a fumar antes dos 20 anos, e o único grupo que hoje fuma mais do que há 20 anos é o das adolescentes.

Os fabricantes de cigarro parecem manipular os avisos do Ministério da Saúde de modo a torná-los o menos eficientes possível, reduzindo seu propósito ao veiculá-los em revistas cujos leitores têm mais possibilidade de ignorá-los.

Sempre que releio esse resumo do trabalho de Ciência Política que Laurie escreveu há milênios, nunca deixo de me emocionar com a crença/esperança dela de que os seres humanos possam agir com alguma racionalidade. Mas tudo indica que não podem: basta ver os casos de anorexia. Claro que meu pai é uma exceção: ele começou a fumar cachimbo no início da década de 1950 (nas fotos da época, exibe uma pose muito elegante), mas largou após uma partida de tênis, ao perceber que estava perdendo o fôlego.

Sexo e morte (ii)

Em muitas espécies de insetos, quando a fêmea emerge de seu ovo como uma forma de vida madura, os machos imediatamente a cercam e lutam desesperadamente para acasalar. Ela acasala e morre logo após pôr os ovos. Em vez de os estágios da juventude precederem a forma adulta, esta é apenas o auge da juventude, como forma de manter o ciclo.

Os animais que procriam uma única vez, como o salmão, passam grande parte da vida se preparando para a reprodução. Eles crescem, armazenam energia e preparam suas gônadas para uma única explosão. Ao receberem o sinal hormonal, os recursos se mobilizam para maximizar o esforço reprodutivo, mesmo que esses animais fiquem tão exauridos e morram pouco depois. O tempo de vida de uma fêmea de salmão aumenta bastante se ela for castrada antes de as gônadas se desenvolverem.

Ao aproximar-se o mês de agosto, quando os machos da espécie marsupial acasalam, seu nível de testosterona aumenta muito, atingindo o ápice no final de julho. As glândulas suprarrenais crescem e injetam altas doses de hormônios na corrente sanguínea. Os machos ficam num estado de grande excitação e estresse fisiológico. Travam disputas violentas pelas fêmeas. Após o acasalamento, além das sequelas das brigas, ficam com úlceras estomacais que sangram muito. O sistema imunológico está tão enfraquecido que contraem parasitas com facilidade. Quase todos os machos morrem dias depois. As fêmeas sobrevivem para criar e amamentar os filhotes órfãos de pai, mas também são extremamente frágeis. E poucas se mantêm vivas, de modo a procriar de novo no ano seguinte.

As primeiras ejaculações de menino são emissões noturnas espontâneas. Seu corpo inicia mecanicamente o processo de reprodução, quase sem a participação dele. De forma muito parecida se dá com as meninas, guardadas as óbvias e importantes diferenças. Antes de estarmos vivos e nos movendo pelo mundo e, ainda mais, de entendermos qualquer coisa sobre nós mesmos, nosso corpo já iniciava o processo reprodutivo.

Durante quase toda a história humana as pessoas se uniam na adolescência e tinham o primeiro filho aos 20 anos, mais ou menos. A antropóloga Suzanne Frayser estudou 454 culturas tradicionais e descobriu que as noivas tinham geralmente de 12 a 15 anos; os noivos, 18.

Nos últimos 30 anos, o número de suicídios de crianças e adolescentes norte-americanos dobrou, tornou-se a terceira causa de morte entre os jovens. Para alguns adolescentes, o tumulto causado pelos hormônios é insuportável: uma quantidade desproporcional de ataques a tiro nas escolas, por exemplo, ocorre na primavera.

***

Sonho na cesta de basquete (vi):

No terceiro ano do ensino médio, um mês antes de eu quebrar a perna, estávamos no vestiário colocando o uniforme para nosso primeiro jogo da liga quando nosso técnico, o Sr. Rossi, ficou parado no quadro-negro, mexendo nos tocos de giz e esmigalhando-os. Primeiramente, pensamos que ele quisesse apenas fazer com que nos concentrássemos para o jogo. Ele tropeçou no banco. Continuamos vestindo os uniformes e as meias e pensamos que talvez o Sr. Rossi tivesse comido demais. Então ele disse bruscamente:

"Dicky Schroeder."

E todos nós percebemos: onde, diabos, estava Dicky? Será que em casa, resfriado, justamente quando íamos enfrentar, no campo deles, o time da Lincoln High School? Sr. Rossi, que tal pedir para Dicky tomar duas aspirinas e ir para o estádio de táxi?

"Na noite passada, Dicky sofreu um grave acidente na garagem da casa dele. Os pais disseram que não foi acidente. Dicky não está mais entre nós."

Fechamos nossos armários. Foi preciso um tempo para entendermos o que o Sr. Rossi tinha dito, e levamos o resto do ano para conseguir assimilar aquilo. Dicky Schroeder fumava Raleighs e tinha um Chevy envenenado. Estava sempre comprando roupas novas e acessórios de carro, e contando vantagem de suas transas. Era ocupado demais para ter tempo de se matar.

Cerca de uma semana depois o jornal do colégio publicou um obituário com declarações de pessoas que conheceram Schroeder e afirmam como ele era bom aluno, o que ofendeu a inteligência de todo mundo. O texto terminava com uma citação de Ralph Waldo Emerson: "A morte não é um fim, é apenas uma transição", e fez muito bem a todos saber que Dicky não tinha ido embora para sempre: ele estava apenas fazendo o jogo da transição.

Assim que o Sr. Rossi contou que Dicky tinha se suicidado, perguntou se queríamos jogar, e para surpresa dele, e talvez para nossa também, respondemos que sim. No ônibus, a caminho do estádio, ninguém falou, e depois ninguém fez aquecimento. Quando o jogo começou, todos nós tentamos atuar como Dicky, olhando antes de passar a bola, colocando em prática o toca e passa. Todo mundo estava procurando o cara para receber a bola, e esse cara era Dicky. Nós queríamos acordar e descobrir que ele só estava fazendo uma brincadeira. Se todos nós tentássemos jogar como ele, talvez Dicky aparecesse na porta da garagem da casa dele e nos mostrasse como atacar em três contra dois. O jogo que vou lembrar até ter 90 anos foi aquele em que Brad Gamble, o astro do nosso time, estava sozinho no contra-ataque, comigo atrás. Ele parou e deixou a bola no chão, para que eu a pegasse. Olhei para ver se alguém me seguia; fiquei esperando, mas ninguém apareceu. Eu joguei contra a tabela e nós ganhamos de lavada.

Idade adulta e meia-idade

Declínio e queda (ii)

Se você pudesse viver para sempre, gozando de saúde e mantendo determinada idade, quantos anos você teria? À medida que envelhecem, a idade ideal das pessoas aumenta. Para os que têm de 18 a 24 anos, a idade ideal é 27; para os de 25 a 29, é 31; para os de 30 a 39, é 37; para os de 40 a 49, é 40; para os de 50 a 64 anos, é 44, e para os que têm mais de 64 anos, a idade ideal é 59.

Nosso Q.I. é mais alto entre os 18 e os 25 anos. Depois que o cérebro atinge o tamanho máximo, aos 25 anos, ele começa a encolher, a perder peso e a ficar com muito líquido. Numa carta para o pai, o historiador, ensaísta e escritor escocês Thomas Carlyle escreveu que o irmão, Jack, "acha, como um respeitável rapaz de 20 anos vai achar sempre, que só posição social e oportunidade não adiantam; a dignidade da mente é tudo. Eu, como todo homem sensato de 28 anos, argumento que em parte isso é poesia, que em poucos anos vai estar muito bem misturada à prosa". E Goethe disse: "Quem não for famoso aos 28 anos é melhor que desista de qualquer sonho de glória."

Quando eu tinha 31 anos, soube que alguém havia escrito no banheiro feminino de uma livraria: "David Shields é um grande escritor e, ainda por cima, um fofo." Esse foi certamente o auge da minha vida: minha acne tinha acabado havia muito tempo, eu ainda tinha cabelos, era magro sem precisar de regime, podia usar lentes de contato e achava que seria famoso. (Há pouco, querendo ouvir elogios, perguntei a meu pai o que achava do que eu tinha me tornado, e ele disse: "Quando menino, você era um grande atleta. Eu tinha certeza de que você seria jogador profissional de basquete ou de beisebol.") O conhecido aforista Sir William Osler disse: "O trabalho eficaz, comovente e vitalizador que se faz no mundo é entre os 25 e os 40 anos." De fato, é verdade: a criatividade atinge o auge aos trinta e poucos anos, e então declina rapidamente; a maioria das conquistas criativas é de pessoas com trinta e poucos anos. O pintor Degas disse: "Aos 25, todo mundo tem talento; difícil é tê-lo aos 50." O consolo oferecido pela biblioteca: aos 45 anos, temos um vocabulário três vezes maior do que aos 20. E aos 60 o cérebro tem quatro vezes mais informação do que tinha aos 20.

Aos 19 anos, a força e a coordenação motora atingem o ápice. O corpo é mais flexível até os 20 anos — depois as articulações vão perdendo a maleabilidade. Os melhores velocistas têm, em geral, aproximadamente 20 anos. A estâmina chega ao auge aos vinte e tantos anos ou ao começo dos 30; os recordistas de maratona têm sempre entre 25 e 35 anos.

Quando somos jovens, os pulmões têm enorme capacidade de reserva, e até os melhores atletas raramente usam toda a capacidade pulmonar. Mas, à medida que envelhecemos, os pulmões ficam menos elásticos; não se pode enchê-los ou esvaziá-los completamente do ar viciado. Dos 20 aos 60 anos, nossa capacidade aeróbica diminui 1% ao ano.

Segundo o conhecido jogador e técnico de beisebol Casey Stengel "O problema dos jovens jogadores não é fazer sexo, mas ficar acordado a noite inteira procurando por ele."

Em uma de suas aulas de redação meu pai escreveu o seguinte texto: "Nos verões de 1938 e 1939 cuidei das quadras e, ocasionalmente, trabalhei como instrutor de tênis do Chester's Zunbarg, um pequeno hotel em Sun Hill com capacidade para 120 hóspedes, situado nas montanhas Catskills, cerca de 130 quilômetros a nordeste de Nova York. No primeiro dia do primeiro verão, Anne Chester explicou como seria meu trabalho em seu hotel: 'O salário é pequeno, apenas 200 dólares pelo verão todo. Peço desculpas por isso, mas os benefícios adicionais mais que compensam.'

— Que benefícios adicionais? — perguntei, na minha ignorância juvenil.

— Você logo vai descobrir — respondeu ela, com um piscar de olho dissimulado.

Vinte e quatro horas depois, uma provocante lourinha me procurou na quadra e perguntou se eu dava aula de tênis.

Respondi que sim, e perguntei qual o dia e a hora mais convenientes para ela.

— Você ensina mais alguma coisa, além de tênis? — trinou a aluna sereia-tenista.

— Só tênis, senhorita — consegui dizer, tentando me afastar, estendendo a mão. — Eu me chamo Milt e encontro você aqui amanhã às dez.

— Sim, sei — ela disse, ainda segurando minha mão. — Estarei aqui. — Achei que ela não fosse embora nunca. Eu precisava da mão direita para dar o saque. — Meu nome é Eva, Eva Gordon.

Na manhã seguinte, pouco antes das dez, eu estava na quadra com uma pilha de bolas de tênis usadas e uma curiosidade galopante sobre que tipo de jogadora viria a ser aquela Jezebel fã de fortes apertos de mão. Às 10h15, nada de Eva. Teria sido tudo uma manobra nada sutil para encontrar e avaliar o novo profissional do tênis? O senso comum considera os professores de tênis charmosos e sensuais, embora não fossem me reconhecer nessa descrição.

Quando eu estava prestes a desistir, Eva deslizou divertidamente para dentro da quadra, dizendo: "Aqui estou, treinador." Ela estava nos trinques: com um saiote vermelho da cor do fogo, blusa sem mangas e um decote que mostrava que ela tinha o coração no lugar certo.

— Vamos começar — falei ríspida e rapidamente, como um profissional muito eficiente. Tinha outro aluno às 11h.

Eva foi uma revelação na quadra. Tinha o *forehand* mais leve desde Helen Wills* e um *backhand* que arrancava o filtro da bola.

— Você é do time de alguma faculdade? — perguntei, querendo um pequeno intervalo.

— Sim, da Hunter, na cidade — ela respondeu.

Naquela primeira vez, Eva ficou duas semanas no hotel e teve aula todos os dias. Nós também jogamos várias partidas (hum, hum) fora das quadras. Ela era tão boa e explosiva na atividade extracurricular quanto na quadra.

Ela voltou mais duas vezes durante o verão para passar a semana e, ahn, ter aulas. No feriado do Dia do Trabalho, nosso caso estava muito firme, mas eu tinha de voltar para a cidade e tentar um emprego em meio à Depressão. Eva, por sua vez, tinha de terminar a faculdade. E nós dois sabíamos

* Helen Wills: considerada a melhor jogadora de tênis americana nos anos 1930. (*N. da T.*)

(não éramos crianças malucas) que aquele era um caso de verão a ser lembrado com carinho, mas que (por inúmeros motivos) não tinha futuro. Foi ótimo enquanto durou, concordamos, tomando um bom drinque no bar do hotel.

A arteriosclerose pode começar cedo, aos 20 anos.

À medida que envelhecemos, a reação a qualquer estímulo fica mais lenta e menos precisa, sobretudo em tarefas mais complexas. Dos 20 aos 60 anos, a reação ao barulho fica 20% mais lenta. Aos 60 anos, erramos mais em tarefas que exigem aprendizado verbal. Aos 70 anos, temos menos capacidade de perceber pequenos movimentos, como o andar de um ponteiro de relógio.

Se damos uma lista de 24 palavras para uma pessoa de 20 anos, ela consegue se lembrar de 14; aos 40 anos, de 11; aos 60, de nove, e aos 70, de sete palavras.

A maioria das pessoas atinge a maturidade óssea aos vinte e poucos anos. Aos 30, estamos no auge da massa óssea, com ossos densos e fortes como nunca. Os ossos humanos, com sua incrível mistura de força e flexibilidade, podem aguentar o peso de aproximadamente 12 toneladas por metro quadrado (quatro vezes a capacidade do concreto armado). Mas se tirássemos os depósitos minerais, o restante seria flexível a ponto de poder dar nós. Aos trinta e tantos anos começamos mais a perder que a produzir tecido ósseo. Inicialmente, a perda é lenta — 1% ao ano. Quanto mais velhos ficamos, mais perdemos.

A partir dos vinte e poucos anos, a capacidade de detectar sabores salgados ou amargos diminui, assim como a de identificar cheiros. A quantidade de ptialina — a enzima da saliva que digere o amido — fica menor depois dos 20 anos. Após os 30, o trato digestivo reduz a quantidade de sucos digestivos. Em outras palavras: aos 20 anos, nossos líquidos estão escoando e, próximo dos 30, estão secando.

Lauren Bacall disse: "Nos Estados Unidos, quando uma mulher chega aos 26 anos, está em decadência. Daí em diante, o caminho todo é ladeira abaixo. Isso não causa um sentimento extraordinário de autoconfiança e bem-estar."

Jimi Hendrix morreu aos 27 anos, assim como Janis Joplin; Jim Morrison; Brian Jones, dos Stones; Kurt Cobain e o *bluesman* Robert Johnson.

Até os 30 anos, nossa força para segurar aumenta; após os 40, diminui subitamente. Depois dos 65 anos, a força muscular do antebraço e das costas diminui. Devido mais à redução da coordenação que ao enfraquecimento, nossa força para, por exemplo, girar uma manivela por muito tempo cai após os 50 anos. Meu pai, entretanto, conseguia me derrotar numa queda de braço nos seus quase 60 anos.

Aos 30 anos, os homens ficam menos interessados em atividades tipicamente masculinas, como esportes, bebida e consertos de carro. Seja grato, portanto, pelas pequenas coisas. Mesmo assim, um dos momentos mais felizes da minha vida foi, claramente, quando, com quase 30 anos e fazendo graduação, fui com vários dos meus colegas de turma jogar basquete no ginásio. Num contra-ataque pela lateral, agarrei a bola, girei sobre William Mayfield, que foi ala titular no time da Universidade de Iowa, driblei-o e fiz cesta. (Será que ele estava me marcando? Quem vai saber? Não importa.) Meus colegas de classe nerds ficaram exaltados, dizendo: "E você nem mesmo parece um jogador de basquete!" Óculos, pneuzinhos etc. Sem dúvida, um sonho na cesta de basquete (vii).

O escritor americano Nicholas Murray disse: "Na lápide de muita gente deveria estar escrito: 'Morto aos 30 anos. Enterrado aos 60.'" Os antigos persas acreditavam que os primeiros 30 anos deviam ser passados vivendo, e os últimos 40, compreendendo a vida. Invertendo a ordem, Schopenhauer disse: "Os primeiros 40 anos da vida nos dão o texto; os 30 restantes, o comentário do texto." Segundo Rousseau, "O homem é sempre o mesmo: aos 10 anos, é atraído por doces; aos 20, por uma amante; aos 30, pelo prazer; aos 40, pela ambição; aos 50, pela avareza. Depois disso, o que lhe resta senão ser atraído pela sabedoria?" Em todas as idades, aos 10 ou aos 90 anos, meu pai foi um míssil caça-prazeres.

Como a coluna vertebral cresce até os 30 anos, podemos ganhar em qualquer parte do corpo de 3 a 5 milímetros de altura entre os 20 e os 30 anos. Mas, a partir dessa idade, perdemos cerca de 1,6mm por ano na altura; a postura corporal muda porque as vértebras encolhem, enquanto os quadris e os joelhos ficam mais caídos e o arco dos pés achata. Meu pai encolheu de 1,80m para 1,70m. À medida que envelhecemos, nosso corpo perde água e os órgãos encolhem: após os 30 anos, o corpo consome 12 calorias a menos por dia a cada ano.

Para a maioria das pessoas, a capacidade de ouvir frequências de sons mais altos começa a diminuir a partir dos 30 anos; os homens têm probabilidade três vezes e meia maior que as mulheres de manifestar uma perda da capacidade auditiva de captar frequências altas. Qualquer que seja o nível de perda auditiva, ela vai piorar, em média, duas vezes e meia a cada década. As glândulas sudoríparas que mantêm úmido o canal auditivo vão se extinguindo uma a uma; a cera de ouvido fica mais seca e cascuda, formando uma substância dura que bloqueia os sons. Isso causa um terço da perda de audição nas pessoas idosas. O tímpano se torna mais fino e flácido, passando a ter mais dificuldade para vibrar com as ondas sonoras. E, aos poucos, perdemos a capacidade de ouvir em todas as frequências.

O sistema límbico — "a base das emoções" — fica na parte do cérebro chamada hipocampo, que os seres humanos têm em comum com os lagartos. (Nosso cérebro tem três camadas: a base, que controla as emoções e as funções elementares, é a camada reptiliana; a camada mamífera tem funções mentais mais complexas, como o aprendizado e a adaptabilidade; a terceira camada forma quase todo o cérebro humano — o córtex cerebral e o cerebelo —, que nos permitem falar e executar funções complexas de memória.) A partir dos 30 anos, partes do hipocampo se extinguem.

Ralph Waldo Emerson disse: "Após os 30 anos, um homem — exceto, talvez, uns cinco ou seis — acorda triste todas as manhãs, até o dia de sua morte."

Aos 31 anos, Tolstoi disse: "Na nossa idade, quando atingimos, não só pelo processo mental, mas também com todo o nosso ser e vida, uma consciência da inutilidade e da impossibilidade da busca de alegria; quando percebemos que o que antes parecia tortura — o trabalho e o dever — se tornou a única substância da vida, então a procura, a angústia, a insatisfação consigo mesmo, o remorso etc. — atributos da juventude — são inadequados e inúteis."

Antes de morrer na guilhotina, Camille Desmoulins, um dos líderes da Revolução Francesa, quando lhe perguntaram que idade tinha (ele tinha 34 anos) respondeu: "Tenho 33 anos, a mesma do bom *sans-culotte* Jesus, uma idade fatal para os revolucionários."

Aos 35 anos, mais ou menos, quase todos nós mostramos alguns sinais de envelhecimento, como cabelos grisalhos, rugas, menos força física e velocidade, espessamento das artérias centrais, degeneração dos vasos sanguíneos do coração, redução do fornecimento de sangue ao cérebro, elevação da pressão sanguínea. Aos 35 anos, o único sinal de envelhecimento que meu pai apresentou foi uma rápida perda capilar. Um de cada três norte-americanos adultos sofre de pressão alta. A pressão máxima que o coração pode suportar corresponde a nossa idade subtraída de 220 — e depois diminui uma batida por ano. O coração vai se tornando uma máquina de bombear menos eficiente.

Não se poderia comprovar esse declínio de eficiência em meu pai, que até os noventa e poucos anos era capaz de acordar e, sem acender a luz do quarto, amarrar os tênis e vestir o moletom. Os passarinhos estariam apenas começando a cantar, o céu ainda teria uma faixa preta sobre o suave azul de lápis de cor e meu pai já estaria correndo. Uma hora depois, ele teria dado 20 voltas (depois, quando mais velho, 15, e depois ainda, 10) em uma pista sem arquibancadas, sem iluminação e sem raias; uma pista com canteiros centrais, uma fonte seca no final, e cheia de vidro e de pedra. Ele não se importava. Pisava na sujeira, mexia os braços e movimentava as pernas elásticas até que, na batida dos seus pés, a noite se retirava e a manhã surgia. Certa vez ele me escreveu, sem qualquer motivo especial, dizendo que "Não há novidade: sou o mesmo menino muito magro que corria como um Pégaso pelas ruas de Brownsville à procura de beisebol".

A artrite reumatoide geralmente começa entre os 35 e os 55 anos.

Em 1907, quando o escritor francês Paul Léautaud tinha 36 anos, confessou: "Noutro dia me perguntaram: 'O que você tem feito?' Respondi: 'Estou ocupado em envelhecer.'"

Em *Meu jantar com André*, Wallace Shawn diz: "Fui criado no Upper East Side, e quando tinha 10 anos, era rico, um aristocrata, que andava de táxi, vivia cercado de conforto e só pensava em arte e música. Agora tenho 36 anos e só penso em dinheiro."

Mozart morreu aos 35 anos; Byron, aos 36; Rafael e Van Gogh, aos 37.

O biógrafo de Samuel Johnson, James Boswell, concluiu: "Tenho de admitir que a discordância entre jovens e velhos deve-se mais ao erro dos últimos que dos primeiros. Os jovens, embora fortes e impetuosos, costumam ouvir de bom grado os conselhos dos velhos, se dados com gentileza, mas os velhos esquecem com incrível facilidade o que sentiam quando jovens." Quando escreveu isso, Boswell tinha 37 anos e Samuel Johnson, 69. Sempre que conto uma proeza minha para meu pai, ele muda rapidamente de assunto ou conta uma proeza mais impressionante de outra pessoa. Em certa ocasião perguntei se ele achava que toda relação entre pai e filho era competitiva, e ele negou energicamente, dizendo que nunca sentiu nada que não fosse orgulho e admiração.

O maestro Colin Davis, da Orquestra Sinfônica de Londres, disse, aos 38 anos: "Acho que muita gente perde a ambição no sentido convencional. Aquele formidável motor propulsor que o estimula, exaspera e traz seus piores defeitos durante uns 20 anos, começa a definhar e a se esgotar. Acho que estou bem mais calmo. Continuo gostando de música do mesmo jeito, mas sem aquele excesso de energia que costumava despender em entusiasmo e emoção. Sinto-me mais livre que nunca."

A pessoa mais velha a conquistar um título de boxe tinha 38 anos. O jogador mais velho a integrar a NBA, 43. A idade mais avançada com que se quebrou um recorde de atletismo foi 41 anos, em 1909. O mais velho ganhador de uma medalha de ouro nas Olimpíadas tinha 42 anos, em 1920. Chaucer escreveu no prefácio de *Os contos de Canterbury*: "Se o ouro enferruja, o que dizer do ferro?"

Aos 40 anos, a preferência por atividades rápidas decai.

A partir dessa idade, reduz-se a capacidade das células brancas do sangue, que combatem o câncer e as doenças infecciosas.

Jack London morreu aos 40 anos; Elvis Presley, aos 42.

No meu aniversário de 30 anos, influenciado por minha namorada, furei a orelha esquerda e coloquei um brinco de diamante. Nos dez anos seguintes, aproximadamente, usei diversos brincos, mas sempre meio sem jeito. Os brincos me obrigavam a encarar meu estilo — ou falta de estilo. Certamente, não sou homem suficiente para usar brinco como um machão, mas também não sou bastante feminino para usar brinco na orelha direita, como se eu fosse uma espécie de gay em fase de treinamento. Estava só enrolando, e, com o tempo, o brinco me obrigou a perceber e a admitir isso, e a reagir. Quando fiz 40 anos, influenciado por Natalie, que achava que eu parecia um pirata, tirei a argola de ouro que usava então e nunca mais coloquei um brinco.

F. Scott Fitzgerald, que morreu aos 44 anos, escreveu em seu caderno de anotações: "Bêbado aos 20, arruinado aos 30, morto aos 40."

A cada ano mais gordura se deposita nas paredes das artérias de tamanho médio e nas grandes, fazendo com que elas se estreitem. O peso do intestino delgado diminui, assim como o tamanho e o peso dos rins. A cada década após os 40 anos, reduz-se em 10% a quantidade de sangue injetada nos rins. E, por fim, todos os órgãos recebem menos nutrientes do que precisam para executar suas funções.

O colunista e humorista americano Don Marquis, que morreu aos 59 anos, disse: "Já é ruim ter 40 e 45 anos; 50 é simplesmente um horror; 15 minutos depois, você está com 60, e então, em mais dez minutos, com 85."

"Para muitos homens", disse o escritor Joseph Conrad, "45 anos é a idade da ousadia, como um desafio à decadência e à morte que os aguardam de braços abertos no sinistro vale ao pé da inevitável colina." Os clichês sobre a crise da meia-idade masculina (ter um caso amoroso, por exemplo, ou comprar um carro esporte vermelho) são, em nível biológico, de todo jeito, uma revolta intensa devido à "raiva, raiva da luz que vai sumindo". O primeiro casamento de meu pai terminou quando ele teve um caso com sua linda secretária ruiva da Federação Judaica da Grande Los Angeles. Há uma foto dela no nosso álbum de família, o que não deixa de ser um tanto bizarro.

Cícero disse: "A velhice começa aos 46 anos." Ele morreu aos 53.

John Kennedy morreu aos 46 anos.

Virginia Woolf disse: "Dominar a vida é o que precisamos aprender agora: trata-se de gerência econômica. Agora que estou com 46 anos, sou prudente como uma pessoa pobre."

Victor Hugo disse: "Os 40 anos são a velhice da juventude. Os 50, a juventude da velhice."

No meu décimo aniversário, quando meu pai tinha 56 anos, ele arremessou a bola tão violentamente que meus amigos e eu tivemos medo de rebater. Ele então rosnava: "Vão para a área do rebatedor!"

Da hereditariedade à força de astro (ii)

Em 1955, meus pais moravam em Los Angeles; minha mãe trabalhava para a American Civil Liberties Union (ACLU), a União Americana de Direitos Civis, e pediu a meu pai que convidasse Joseph Schildkraut para participar da homenagem que a ACLU faria a Albert Einstein, falecido em abril daquele ano. Meu pai respondeu por escrito a um dos meus inúmeros pedidos de mais informação: "Einstein era judeo-alemão. Pepi [apelido de Schildkraut] passou quase toda a vida profissional em Berlim; fazia parte de um grupo de pessoas importantes que fugiu da Alemanha antes de Hitler assumir o poder, e morava na região de Pacific Palisades — Santa Mônica."

Meu pai conseguiu o telefone de Joseph e ligou dizendo que também era um Schildkraut e convidando-o a falar na homenagem. Joseph pediu para ver o texto "após hesitantes, longas e significativas pausas (dele, não minhas) ao telefone", como disse meu pai, que dias depois foi à casa dele, em Beverly Hills, com o texto que ele leria na homenagem, caso aceitasse participar do evento. Joseph abriu a porta e, sério, cumprimentou Shields (que ao nascer tinha o sobrenome Shildcrout). "Era muito formal — frio, distante." Falaram rapidamente sobre as respectivas famílias, e meu pai lembrou o encontro anterior dos dois nos bastidores, em 1923. Joseph não sabia absolutamente nada sobre os antepassados da família Schildkraut. Meu pai disse: "Joseph Schildkraut, eu diria — e acho que se trata de uma declaração justa —, era uma pessoa que não se importava com sua herança judaica."

Schildkraut conversou com meu pai durante aproximadamente meia hora no saguão da casa grande e desconexa. "Depois, ao contar a história, eu frequentemente exagerei — disse que ele batera os calcanhares como um prussiano. Na verdade, ele não fez isso." Joseph disse que precisava mostrar o discurso para Dore Schary aprovar. (Schary era um escritor que tinha virado chefe de produção na RKO e depois na MGM. Ainda existia o medo de ideias anticomunistas, e as listas negras ainda vigoravam). Schildkraut pediu a Shields que voltasse uma semana depois.

Ao voltar, meu pai foi novamente recebido por Schildkraut, rapidamente, no saguão da casa. "Em nenhuma visita ele me convidou para entrar, nem me apresentou à esposa, que fazia alguma coisa na sala ao lado", e terminou dizendo que Schary tinha lido e aprovado. O texto fora quase inteiramente copiado dos escritos de Einstein sobre direitos civis, liberdade acadêmica e de expressão. A homenagem ocorreu no Hollywood Athletic Club, que depois passou a ser a Universidade de Judaísmo. Também estavam no palco Linus Pauling; A. L. Wirin, conselheiro-chefe da ACLU; John Howard Lawson, roteirista e porta-voz não oficial dos "Hollywood Ten"; Anne Revere, que, antes de entrar para a lista negra, ganhou um Oscar de melhor atriz coadjuvante pelo papel de mãe da Elizabeth Taylor no filme *A Mocidade é Assim Mesmo*, e um romancista que meu pai insiste em que foi famoso e que, em todo caso, tem um nome digno dos Irmãos Marx: Lion Feuchtwanger.

O evento tinha entrada franca. Cada cadeira do imenso auditório foi ocupada. Centenas de pessoas ficaram nos corredores. Eason Monroe, o diretor executivo da ACLU, um homem por quem minha mãe teve uma enorme e duradoura paixão, pediu ao público excedente que procurasse um assento ou se dirigisse às pequenas salas do andar de cima. E garantiu que os palestrantes subiriam para dirigir-se a eles, depois de falarem no auditório principal. O programa começou um pouco atrasado, por volta das 20h30, mas Schildkraut ainda não tinha aparecido. Monroe perguntou a Shields: "Milt, cadê seu primo? Está ficando tarde." Meu pai garantiu que o outro iria: "Ele não é bobo de ficar de fora de um acontecimento como este." O nome do ator estava em destaque nos cartazes, entre os principais palestrantes.

Finalmente, Schildkraut chegou. Monroe cumprimentou-o e perguntou se ele também poderia falar depois para as pessoas que estavam no andar de cima, como os demais palestrantes fariam. Schildkraut disse que primeiramente falaria para o auditório principal e depois, então, "veria".

Os outros palestrantes — Pauling, Wirin, Lawson, Revere e Feuchtwanger — falaram, foram "recebidos entusiasticamente" (seja lá o que isso queira dizer) e subiram para dirigir-se à plateia, que se dividia em antessalas. Segundo meu pai, "o evento motivava até o orador menos inspirado e causava enorme emoção." "Mas então chegou a vez de Pepi, o último do programa. Quando ele subiu ao tablado, a plateia estava barulhenta e agitada, afinal, as pessoas se sentiam emocionadas com a homenagem àquele grande homem. Schildkraut as observou e usou um artifício de ator: sussurrou as primeiras linhas do discurso, e a audiência silenciou. Certo de que todos estavam atentos, ele então trovejou as linhas seguintes. Ao terminar, foi aplaudido de pé. E isso em se tratando de um sujeito politicamente ingênuo ou, pior ainda, que certamente não concordava com tudo o que tinha acabado de ler, ou com qualquer outra coisa que Einstein representasse. Mas era um ótimo ator, e leu o texto com perfeição."

Quando Schildkraut terminou o texto, meu pai perguntou se ele iria ao andar de cima. Ele olhou através de meu pai e foi embora. "Naquele momento, ele realmente parecia um soldado prussiano. Foi a última vez que o vi. Em pessoa, quero dizer. Claro que vi *O diário de Anne Frank* meia dúzia de vezes. E se o filme passa na tevê, vejo de novo."

Meninos contra meninas (iii)

Entre os 30 e os 34 anos, as mulheres têm 85% da fertilidade que tiveram dos 20 aos 24 anos, índice que baixa para 35% entre os 40 e os 44 anos e virtualmente para 0% após os 50 anos. Entre os homens, a queda da fertilidade é mais gradual: dos 45 aos 50 anos, conservam 90% do ápice da fertilidade, passando para apenas 80% após os 55 anos. Os homens que têm relações sexuais com mulheres mais velhas transmitem menos código genético; o mesmo não ocorre quando as mulheres têm relações com homens mais velhos.

Em 22 de janeiro de 2005, na Igreja Episcopal de Bethesda-by-the-Sea, em Palm Beach, na Flórida, na presença de 400 amigos, Donald Trump, então com 61 anos, dono de uma fortuna de 2,5 bilhões de dólares, casou-se com a companheira com quem vivia há seis anos, a modelo austro-eslovena, Melania Knauss, de olhos azuis e 37 anos. O noivo já havia sido casado com as modelos

Marla Maples e Ivana Winklmayr. Tinha dois filhos e uma filha do primeiro casamento e uma filha do segundo: todos assistiram à cerimônia de meia hora, que foi o auge de três dias de festas.

Na cerimônia, a noiva, que disse que talvez quisesse filhos (quando o bebê nasceu, no ano seguinte, as fotos foram vendidas para a revista *People* por cerca de 500 mil dólares), acendeu uma vela que tinha sido usada no batismo dela. Knauss disse também que havia desejado uma cerimônia "chique, elegante, simples e sexy". O vestido era feito de quase 92 metros de cetim branco, uma cauda de 4 metros, pesava 23 quilos e levou mil horas para ser confeccionado pelas 28 costureiras da Maison Dior e mais 50 horas para ser bordado. Trump declarou a respeito de Melania Knauss: "Quando entramos num restaurante, vejo homens grandes chorar."

Segundo o *chef* francês Jean-Georges Vongerichten, que gratuitamente prestou seus serviços durante a festa, a nova Sra. Trump "tem um gosto impecável". Donald Trump é patrão dele. O bolo de casamento tinha quase 2 metros de altura e era decorado com 3 mil rosas de glacê. A recepção, realizada na mansão de Trump em Mar-a-Lago, teve a participação de uma orquestra de 36 músicos.

O cantor e compositor Billy Joel, de 55 anos, que, pouco antes, tinha se casado com a "crítica de gastronomia" Katie Lee, de 23, numa cerimônia em que a filha dele, Alexa Ray, de 19 anos, foi dama de honra, disse que o casamento de Trump foi "uma linda cerimônia".

Quando o ator John Derek tinha 53 anos, a jornalista Barbara Walters perguntou se ele continuaria apaixonado pela mulher, Bo Derek, então com 23 anos, caso ela ficasse desfigurada ou paralítica. Ele pensou um pouco e disse que não. Bo Derek tentou sorrir — não conseguiu.

Mudanças sexuais (tudo)

A menopausa, que é típica da faixa etária entre os 45 e os 50 anos, é exclusiva dos seres humanos, por um bom motivo evolucionário: próximo aos 50 anos, uma mãe começa a sentir muitos dos efeitos negativos do envelhecimento. Se parar de engravidar, sua contribuição genética para as futuras gerações é ampliada, assim como a possibilidade de criar seus filhos e de ajudar a cuidar dos netos.

A menopausa acontece gradualmente: dez anos antes de a menstruação cessar, ou ainda mais cedo, os ciclos ficam mais curtos. Aos 30 anos, o ciclo menstrual é de 28 a 30 dias; aos 40, ocorre a cada 25 dias; aos 46, a cada 23 dias. Após os 35 anos, os óvulos têm mais chances de apresentar defeitos genéticos: se forem fertilizados, haverá mais possibilidades de a criança nascer com má-formação. Os folículos param de obedecer às ordens do cérebro para a produção de estrogênio, cuja quantidade, então — sobretudo de estradiol, o estrogênio mais forte —, escasseia.

Quando a mulher perde estrogênio, os pelos púbicos ficam mais esparsos; os lábios vaginais, mais enrugados, e a pele em redor da vulva atrofia. As paredes das células da vagina ficam mais fracas e mais propensas a romper; a vagina fica mais seca, mais suscetível a infecções e, com a perda da elasticidade da pele, menos capaz de encolher-se e de expandir-se, torna-se menos apta para a inserção do pênis. (O ator Mickey Rooney, sobre a atriz Ava Gardner, declarou: "Na parte inferior, ela era especial, como uma pequena boca cálida.") Na pós-menopausa, a vagina da mulher que não está fazendo reposição de estrogênio diminui no comprimento e na largura. Os seios perdem a firmeza e o tecido das glândulas mamárias é substituído por gordura, o que aumenta a flacidez e os torna murchos. O bico dos seios diminui e fica ereto com menos facilidade. As estrias nos seios escurecem. A gordura se acumula no tronco, principalmente perto da cintura, no pescoço, nos braços e nas coxas, formando ondulações na pele, exceto no rosto, que perde gordura e fica mais encovado. (Uma amiga de Laurie disse a ela que, "aos 40, a mulher tem que escolher entre a cara e a bunda: bunda bonita, rosto encovado; rosto bonito, bunda grande".) A pele enruga, seca e afina. O homem tem uma derme mais grossa que a da mulher — talvez por isso a pele do rosto feminino pareça deteriorar-se mais depressa. Mulheres na pré-menopausa normalmente não demonstram perda de densidade óssea, enquanto na pós-menopausa há uma perda mais rápida que a observada em homens da mesma idade.

Entre os 20 e os 40 anos, a lubrificação vaginal após a excitação leva de 15 a 30 segundos; nas mulheres de 50 a 78 anos, de um a cinco minutos. Nas mulheres mais jovens, a vagina alarga sem dor durante a excitação; nas mulheres mais velhas, há um limite para a expansão. O aumento de circulação sanguínea faz com que os pequenos lábios das mulheres mais jovens fiquem vermelhos, o que não ocorre em mulheres mais velhas. Nas mais jovens, o clitóris se eleva e traz prazer ao corpo, o que também não ocorre nas mais velhas. Durante o orgasmo das mais jovens, a vagina se contrai e descontrai em ondas suaves rítmicas, normalmente de oito a 12 contrações a intervalos de aproximadamente um segundo, e o útero se retrai. Nas mais velhas, há apenas de quatro a cinco contrações, e, quando o útero contrai, às vezes dói. A mulher mais velha volta ao estado de pré-excitação bem mais depressa.

Quando o homem faz 40 anos, os tecidos da glândula da próstata atrofiam e o músculo degenera, substituído por tecidos conectivos sem elasticidade. Às vezes, aparece uma massa dura na próstata, que faz com que o homem produza menos sêmen, e com menos pressão. Em muitos, as células glandulares e o tecido conectivo no meio da próstata crescem demais, causando dor ao urinar. Quase todos os homens têm aumento da próstata, inclusive meu pai (que fez cirurgia da próstata aos 85 anos), e as alterações hormonais que acompanham esse aumento podem causar várias doenças, entre as quais o câncer. O índice de câncer de testículo atinge o ápice na casa dos 30 anos, depois declina rapidamente. Tecidos conectivos menos flexíveis crescem na superfície do pênis, cujas veias e artérias se tornam mais rígidas. Com a redução da circulação sanguínea, o homem tem cada vez mais dificuldade para ter e manter a ereção. Um médico chama a breve e violenta irrupção do desejo sexual em idosos de "último chute da próstata".

Homens entre os 20 e os 40 anos, quando estimulados, precisam de três a cinco segundos para ter uma ereção; entre os 50 e os 89, demoram de dez segundos a vários minutos. Jovens logo sentem necessidade de ejacular; nos mais velhos, esse desejo é menor, mesmo após várias ereções. Durante o orgasmo, o jovem sente a uretra contrair de três a quatro vezes a intervalos de um segundo, e o sêmen percorre de 30 a 60 centímetros, aproximadamente. Nos homens mais velhos, a uretra contrai de uma a duas vezes durante o orgasmo e a ejaculação atinge de oito a 13 centímetros, com menos sêmen e menos quantidade de espermatozoides viáveis. Com o tempo, aumenta a proporção de espermatozoides imaturos. Os jovens voltam ao estado de pré-excitação em dois estágios, que vão de poucos minutos a algumas horas; homens mais velhos retornam em alguns segundos, num só estágio.

Pelo lado positivo, o homem que conseguiu ser pai mais velho tinha 94 anos quando nasceu seu caçula; a mãe mais velha tinha 66 anos.

Pelo lado positivo, de certa forma mais visceral: aos 70 anos, alguns anos após a morte de minha mãe, meu pai declarou: “Fui mais ativo este ano com Sarah (sua nova amante) do que com sua mãe nos últimos 25 anos, e não quero dizer uma vez por noite, mas duas ou três quase todas as noites e depois de novo pela manhã.”

Memento Mori*

O cabelo é produzido nos folículos capilares da pele. Um folículo contém mais que apenas células fabricantes de pelos. Os melanócitos depositam seu pigmento na raiz do cabelo, colorindo-o à medida que ele é produzido. Se é fabricada melanina pura, o cabelo será de castanho a preto. Se é sintetizada uma melanina análoga, chamada feomelanina, o cabelo será ruivo ou louro. Se as células param de funcionar, o cabelo fica branco.

Não existe essa história de cabelo grisalho: o cabelo fica branco, não grisalho. Os tons grisalhos são apenas os estágios intermediários, enquanto o processo avança de forma irregular pelo couro cabeludo. O tom grisalho que vemos depende da quantidade de fios da cor original que se misturam ao branco.

* Provérbio latino: "Lembre-se de que você vai morrer." (*N. da T.*)

Todo mundo tem 1 milhão de folículos capilares, mas apenas uns 100 mil folículos têm cabelos em crescimento (as pessoas louras têm um pouco mais; as ruivas, um pouco menos). Os 900 mil folículos restantes estão em repouso. Cada fio de cabelo cresce cerca de 15 centímetros por ano, podendo chegar a medir entre 61 e 91 centímetros de comprimento, e tem fornecimento próprio de sangue. À medida que envelhecemos, diminuem a densidade, o diâmetro e a força dos cabelos; menos fios nascem, mais repousam; perdemos cabelos na cabeça e ganhamos no rosto; não apenas a cor dos cabelos pode mudar, mas também a textura: se era liso, pode ficar ondulado. As sobrancelhas dos homens ficam mais densas e crescem pelos no canal do ouvido externo.

Após a menopausa, por terem menos estrogênio para contrabalançar a testosterona do corpo, as mulheres podem passar a ter cabelos no rosto; mais ou menos aos 55 anos, cerca de 40% das mulheres ficam com buço. Com a idade, as mulheres passam a ter menos pelos nas axilas e, nas mais velhas, eles costumam sumir. Após a menopausa, a maioria das japonesas não tem pelos nas axilas. Os pelos púbicos somem numa pequena porcentagem de mulheres com mais de 60 anos.

A cada dia, caem cerca de 100 fios de cabelo — mais durante o outono e menos durante a primavera. A perda de cabelo é resultado de mudanças nos índices hormonais. Quando perdemos cabelos é porque somos mais sensíveis a essas mudanças hormonais. As pessoas cujos pais tiveram queda de cabelo têm mais chance de terem também. Uma em quatro mulheres perde um pouco de cabelo.

Devido à diminuição gradual da secreção adrenal — que começa, em ambos os sexos, aos vinte e tantos anos —, as células que produzem proteína capilar, as células germinativas, são seletivamente destruídas ou desativadas. Quando o cabelo afetado cai, não há substituição.

Quarenta milhões de norte-americanos são carecas. Entre os que têm 55 anos, 30% são calvos e 60% dos que têm 65 anos sofreram uma queda significativa de cabelo. Homens e mulheres consideram os carecas mais fracos e menos atraentes que os homens de fartas cabeleiras. Setenta e cinco por cento dos homens têm vergonha da calvície e 40% usam chapéu para escondê-la. Os transplantes de cabelo são a cirurgia plástica mais comum para os homens.

A calvície não tem cura. O *Ebers Papyrus* — um dos escritos mais antigos, datado de 4000 a.C. — recomendava que os egípcios curassem a calvície com uma poção mágica composta de bílis de caranguejo do mar, sangue de chifre de vaca preta, casco de burro queimado e vulva e patas de cachorra.

Woody Allen recomenda: "O melhor a fazer é agir conforme sua idade. Se você tem 16 anos ou menos, tente não ficar careca."

Harlan Boll, um assessor de imprensa de celebridades, diz: "Homens como Bob Hope ou Frank Sinatra não sofreram muita pressão para parecer mais jovens. Mesmo hoje isso é verdadeiro. Se eles têm cabelo, não precisam se preocupar."

Alan Simpson, ex-senador do Wyoming, que é careca, disse na campanha Bush-Cheney sobre a dupla Kerry-Edwards: "Todo mundo recebe certa quantidade de hormônios. Se você quer gastar sua dose com cabelos, a escolha é sua."

Meu pai é careca desde os quarenta e poucos anos; fica bem constrangido com o fato e se orgulha de dizer que a única cura para a calvície é um boné de beisebol, que usa sempre, dentro e fora de casa. Apesar de eu ter-lhe explicado várias vezes que, ao menos em parte, os homens herdam a calvície do avô materno, ele vive se desculpando de me transmitir a calvície. A partir dos 30 anos, fiz todas as chatices usuais: apliquei Rogaine, examinei reluzentes brochuras com fotos de apliques de cabelo e transplantes, além de homens e mulheres dentro de ofurôs. Anos atrás, descobri o estilo "cabeça-raspada-com-cavanhaque" e confesso que gostei. É um reconhecimento da morte, preferencialmente a uma negação da morte (como, para dar um exemplo exagerado, aquele jeito de pentear o cabelo que cresce de um lado por cima da careca). Sua cabeça passa a ser um lembrete precoce de que vamos morrer, um *memento mori*.

O PROBLEMA DE SER ALIMENTO

As papilas gustativas se regeneram: as células no seu interior morrem a cada dez dias e são totalmente substituídas. Mesmo se um nervo das papilas for destruído, outras se formam ao redor do novo nervo substituto. No final da idade adulta, entretanto, é preciso haver mais moléculas de certa substância em contato com a língua para a identificação do sabor. À medida que envelhecemos, apreciamos menos a comida. Sempre que visito meu pai, uma das primeiras coisas que ele quer que eu faça é levá-lo às compras em um mercado especializado em comidas saudáveis estilo *gourmet*. Não sei se ele ainda sente prazer ao comer, mas é obcecado com combustível eficiente para o corpo, aquela máquina incrível. Fala com a boca cheia e espirra tanta comida longe que, quando estamos num restaurante, Natalie, Laurie e eu às vezes nos alternamos na frente dele. Natalie sugeriu a construção de um protetor portátil de saliva.

Mesmo assim:

Em 1991, na Inglaterra, 13% dos homens e 16% das mulheres eram obesos — o dobro de uma década antes. A metade da população inglesa está acima do peso e mais de 20% são constituídos de obesos. No Reino Unido, o consumo de petiscos e lanches industrializados aumentou 25% nos últimos cinco anos.

Mais de 60% dos norte-americanos estão acima do peso ou são obesos; 127 milhões estão acima do peso, 60 milhões são obesos e 9 milhões sofrem de obesidade mórbida. Hoje, os adultos norte-americanos estão, em média, 12 quilos mais pesados que em 1960; o peso do homem comum passou de 75 para 86 quilos, e o das mulheres aumentou de 63 para 74 quilos. Não creio que o peso de meu pai — 70 quilos — tenha variado além de alguns gramas a mais ou a menos desde a Segunda Guerra Mundial. A quantidade de mulheres com obesidade é maior que a de homens (34% e 27%, respectivamente). Em 1963, um menino de 10 anos pesava aproximadamente 33 quilos; hoje, pesa cerca de 38. Uma menina da mesma idade pesava quase 35 quilos; hoje, pesa pouco menos de 40.

Em 1980, o governo recomendava a ingestão de 1.600 calorias por dia às mulheres e de 2.200 aos homens; hoje, elas consomem 1.877 calorias por dia, e eles, 2.618. Em 1970, cada pessoa comia 679 quilos de comida; em 2000, 805 quilos. O gasto com tratamento de adultos obesos nos Estados Unidos é de 100 bilhões de dólares por ano. Em 2004, morreram 300 mil pessoas devido à obesidade.

Será que meu pai não foi sempre tão magro quanto um (terceiro) trilho de estrada de ferro? Suas refeições quase sempre compõem-se de mingau de aveia e suco no café da manhã; um sanduíche e uma tigela de sopa no almoço e uma "fatia fina" de peixe ou frango no jantar. Terá ele alguma vez se servido uma segunda vez de algo? Ele alguma vez não resmungou antes de aceitar, relutante, uma sobremesa? Houve um dia em que ele não se exercitasse algumas vezes? Nas longas viagens de carro com a família, terá ele abdicado de parar sempre algumas vezes e fazer uns 100 polichinelos no meio da estrada, para admiração e/ou constrangimento dos demais viajantes?

No outro lado da rua onde moro há uma igreja fundamentalista, e em certos domingos melancólicos sinto enorme empatia com os fiéis. A vida adulta não tem tanto encanto quanto a gente imaginava que teria. Durante uma hora por semana eles esperam sentir um pouco de enlevo: quem pode culpá-los?

O romancista Leonard Michaels escreveu: "A vida não é boa o bastante para que deixemos de fumar", e é exatamente assim que me sinto em relação ao açúcar. Ao menos duas vezes por semana, penso: "Hoje foi um desastre, mas isso aqui está delicioso", parando num café que tem os mais perfeitos biscoitos de arroz caramelizado. É o que se diz naqueles adesivos de para-choque: "Coma primeiro a sobremesa — a vida é incerta." Perguntaram ao cineasta Quentin Tarantino por que ele comia Cap'n Crunch, e ele respondeu: "Porque é gostoso e fácil de fazer." Cap'n Crunch, Delícias de Arroz Crocante: sou viciado em açúcar refinado nas formas menos refinadas: cereal do café da manhã, *cookies*, ice cream soda, balas de alcaçuz, pé de moleque etc. etc., até enjoar — "coisa de criança".

Quando estou feliz, como doces para comemorar. Quando estou preocupado, como coisas deliciosas em busca de consolação. Portanto, raramente não tenho um motivo para passar pela agonia do choque de açúcar. Não bebo. Não fumo. Não uso drogas. Eu uso açúcar — em doses maciças. E daí? Quem não usa? Qual é o problema? Ainda gaguejo um pouco, e muito da glória do excesso de açúcar é o modo como imita a loucura bioquímica de um bloqueio bem desenvolvido contra um adversário e a cristaliza na pura adrenalina de um rápido e feliz "barato" (rapidamente seguido de uma queda). Para mim, o consumo de açúcar é uma esplêndida alegoria da realidade intratável e da transcendência extremamente temporária.

Tudo o que sei, aprendi com minha dor nas costas

Realidade insuportável (ii): não me entusiasmo ao reconhecer que meu problema nas costas data da época em que, 14 anos atrás, eu costumava jogar Natalie, então uma criança, para o ar e carregá-la por aí num porta-bebê do tipo canguru. É uma etiologia duvidosa, pois outro motivo surgiria logo, logo; um fisioterapeuta me explicou que minhas costas eram um acidente à espera de ocorrer. Faz um perverso sentido, entretanto, que em minha memória Natalie e as minhas costas estejam interligadas, porque, para mim, lidar com dor nas costas tem sido uma educação inestimável na enfermidade física, mortal, impossível de erradicar.

Quando se tornou pai, o humorista Jerry Seinfeld disse: “Não me canso do meu bebê, mas sejamos claros sobre o motivo de eles estarem aqui. É para nos substituir. São umas gracinhas, uns fofos, uns encantos, e eles nos querem fora do caminho deles.”

Gostaria de merecer a atitude generosa de ser adorado por Natalie como um Atlas, mas não é possível. Ainda sou muito bom em desenroscar tampas apertadas de garrafas e em imobilizar os braços dela quando lhe faço cócegas ou lutamos. Mas, se ela está nos ombros de alguém numa caminhada no bosque ou na piscina, devem ser ombros de outra pessoa. Nas festas, procuro logo uma cadeira, pois não posso ficar de pé mais que alguns minutos. Também não posso brincar de bambolê com Natalie nem dançar com Laurie. Se tento dar uma corrida, sinto um formigamento que "desce" por minha perna direita. Quando viajamos, Laurie tem de carregar a bagagem pesada, e, em casa, é ela quem empurra os móveis. Atlas eu não sou.

Você deve achar (eu também devo achar, e Laurie, sem dúvida, acha) que tenho apenas o princípio de uma dorzinha ridiculamente boba. Mesmo assim, meu médico garante que tem gente com costas iguais às minhas que joga golfe e tênis, enquanto outros estão incapacitados há 15 anos. Eu fico na média: jamais faltei ao trabalho por causa das costas, mas, sem dúvida, reclamo à beça e estou sempre pensando nelas. Não sou tão hipocondríaco quanto um miserável qualquer fascinado por essa disfunção. Alguns anos atrás, uma idosa entrevistada no episódio "Apocalipse" do programa *This American Life* disse que achava bom ir para o reino dos céus porque finalmente seria aliviada de sua incessante dor física. Ouvi isso enquanto dirigia e morria de dor nas costas cada vez que girava o volante. Naquele momento, admito: eu me identifiquei com ela.

Meu pai nunca sentiu nem um beliscão nas costas, nem teve sequer uma única doença até há poucos anos; mesmo assim, não é propenso a expressar gratidão por seu quase um século de boa saúde. ("Consultei mais médicos dos 94 aos 97 anos que do nascimento aos 94 anos.") Na última década, fui a inúmeros fisioterapeutas e médicos. Um médico disse que eu deveria operar imediatamente; ele tinha uma vaga naquela semana. Outro disse que tudo o que eu precisaria fazer seria determinado exercício de levantamento de perna que as enfermeiras suecas faziam, e eu ficaria ótimo. Um fisioterapeuta disse que eu deveria correr mais; outro, que deveria correr menos. Um disse que os humanos não foram feitos para ficar sentados tanto tempo quanto eu fico; outro, que as pessoas não deveriam ficar de pé. Outro ainda achava que eu deveria consultá-lo durante anos; mais outro me criticou após alguns meses por eu não cortar o cordão que me ligava a ele. Costumava achar que tudo o que sabia eu tinha aprendido com a luta vitalícia contra a gagueira; hoje, acho isso das minhas malditas costas. O livro de Gerald Jonas sobre gagueira se chama *The Disorder of Many Theories* (A desordem de muitas teorias). A "teoria das costas" parece ter o mesmo efeito Rashomon,* ou seja: como para quase todos os problemas humanos, há muitas respostas e nenhuma resposta.

Alguns dias após o 11 de Setembro fui a um médico de coluna que, ao contrário dos outros 95% que eu tinha consultado anteriormente, revelou ser, mais que uma autoridade, uma pessoa. Se alguém perguntar como está o dia dele, a resposta será: "Péssimo, nenhum paciente está melhorando." Ele também sofre de dor nas costas, e quando deixa cair a pasta no chão agacha-se para pegá-la (como é instruído a fazer quem tem problemas nas costas), em vez de apenas curvar-se, como todo mundo faz. Quando converso com a maioria dos médicos, sinto-me pouco ou bastante irritado, mas quando é com Stan Herring (grande nome, parece alguém da infância de meu pai no Brooklyn, um personagem de um conto de Malamud) eu me sinto uma pessoa, eu mesmo. Na primeira consulta, ele destacou a quantidade de pacientes com problemas nas costas que

* *Rashomon*: filme de Akira Kurosawa em que quatro pessoas testemunham um crime ao qual dão quatro versões diferentes. (*N. da T.*)

moldam toda a sua identidade pelo fato de serem pacientes: de outro modo, não saberiam o que fazer da vida. Para o Dr. Herring, os homens-bomba das Torres Gêmeas eram parecidos com os pacientes profissionais: toda a existência deles passou a ser estruturada e sentida na medida em que fetichizavam sua dor, sua qualidade de vítimas. A mensagem era sutil, mas eu a entendi: não permita que você se torne um homem-bomba.

Herring recomendou que eu consultasse um fisioterapeuta com o estranho nome de Wolfgang Brolley, que atende por Wolf (lobo, em inglês) e olha e se move de modo muito propriamente lupino. É careca como eu (com a cabeça raspada), usa óculos e cavanhaque, mas é pequeno e delicado, enquanto sou alto e magricela. Eu me acho um pouco parecido com Herring, que é judeu e autocrítico; Wolf tem origem irlandesa, nasceu em Chicago, é apaixonado, enérgico, despretensiosamente se considera um curandeiro e frequenta retiros zen pelo mundo. Dei a ele um ensaio que escrevi em adulação ao ator Bill Murray (aquele do lugar frequentado pela morte); ele me deu um artigo que tinha lido sobre o mercado do tráfico de escravos internacional. Ele dirige o Center for Physical Arts and Rehabilitation, que tem nas paredes quadros com frases de antigos filósofos chineses e místicos cristãos. Ele não faz meu tipo — é uma espécie de capataz. Quando mediu a flexibilidade dos tendões de minha perna (ou melhor, a falta dela), não pôde evitar: ele bufou. Certa manhã, quando liguei para avisar que estava me sentindo muito mal para ir à consulta, ele disse: "Você precisa vir, é para isso que estou aqui", e me fez estimulação eletrônica e uma massagem. Uma das minhas experiências preferidas no mundo físico é uma massagem do Wolf.

Eu costumava "dar um jeito" nas costas, aquela situação clássica de ficar torto na calçada e uivar para os céus, mas hoje, graças em grande parte ao programa Stan-e-Wolf, a situação parece sob controle, a ponto de o problema nas costas nunca mais ficar completamente fora de controle. (Bate na madeira.) Eu me sento numa almofada de espuma com cerca de 3 centímetros de espessura e me levanto a cada hora para me exercitar ou ao menos fazer de conta que me exercito, ou, então, para tomar uma chuveirada quente, ou colocar um saco de gelo ou uma bolsa térmica. Durmo de lado, num colchão de látex e, ao acordar, não me sento simplesmente na cama — de preferência, primeiro eu "acho meu centro" (tenho o prazer de informar que tal centro realmente existe). Wolf sempre diz que nem ele nem o Dr. Herring têm a solução para o meu caso: tenho de virar meu próprio especialista e encarar minha recuperação como um percurso existencial. Juro a ele que encaro, sim. Considero ir à farmácia comprar pasta de dentes um percurso existencial.

E que percurso existencial não tem ajuda química? Entrei e saí de tratamentos de logopedia a vida inteira, mas nada abrandou minha gagueira de modo tão eficaz quanto um comprimido de 0,5mg de alprazolam antes de uma palestra. Sem dúvida, o ibuprofeno, os relaxantes musculares ajudaram minhas costas, mas o Paxil foi uma metamorfose.

No começo, resisti bravamente à receita do Dr. Herring, principalmente porque meu pai sofreu de transtorno bipolar durante quase toda a vida adulta. No verão de 1956, minha mãe estava grávida de mim e meu pai confessou o medo de eu vir a ser um peso muito grande para ele, devido a seu histórico de depressão.

— O que você quer dizer com isso? Vai ficar deprimido a toda hora? — perguntou minha mãe, uma jovem de 31 anos.

— Acho que estou a caminho da cura, mas antes de nos conhecermos, logo após a guerra e depois mais uma vez, numa fase em que fiquei desempregado, precisei de eletrochoques para vencer uns maus pedaços.

Morar com um maníaco-depressivo não era como morar com um viciado em drogas. Não era como morar com um morto. Em dezembro passado, Laurie recebeu um cartão com as palavras "Feliz Natal" formadas por um bando de bonequinhos com cara de pateta que parecia um batalhão de papais noéis de açúcar. Queria dizer mais ou menos o seguinte: sabemos que todos os lagos são artificiais e mais cedo ou mais tarde precisarão ser esvaziados. Durante anos meu pai foi disposto e engraçado, e atleticamente animado, até que um dia chegou com um rosário de reclamações a respeito da estrada. Uma vez, quando estava em Sacramento por conta do programa de combate à pobreza, ele me enviou uma carta constituída apenas de folhas em branco — não consegui entender por quê. Numa outra vez, eu procurava alguma sobra de comida na geladeira e deparei com um bilhete preso com fita adesiva e viscoso de manchas de sangue, como anúncios para um leitor solidário. Minha mãe fez a mala dele, e ele acenou despedidas tímidas como as de um menino que vai acampar.

Mas o Dr. Herring me assegurou de que eu não estava sendo "secretamente" tratado de depressão: Paxil, aparentemente, tem sido usado para dor crônica há mais de uma década. Nos últimos anos, tenho tomado 10mg de Paxil por dia. Fico um pouco preocupado de me tornar um idiota sorridente, mas acho que já tenho a estupidez sob controle, e estou tão para lá do lado mal-humorado do *continuum* que alguns sorrisos largos não irão me matar.

Talvez seja tudo apenas o mero avançar silencioso da reabsorção de serotonina seletiva, mas agora, em vez de ficar repetindo sem parar como minha vida poderia ter sido diferente, eu digo a mim mesmo como sou grato por minha vida com Laurie e Natalie e nossa relativa saúde e felicidade. (Bate na madeira.) Estou novamente apaixonado por Laurie — consciente e consentidor das fraquezas dela, porque tão cruelmente cônscio das minhas. Durmo com uma placa miorrelaxante na boca (aparelho contra bruxismo), uma tira de Respire Bem sobre o nariz (para reduzir o ronco) e um travesseiro enfiado entre as pernas. Ando com uma bolsa térmica no bolso do paletó e um envelope de ibuprofeno no outro. Não sou exatamente o rei da selva.

Gosto da humildade, da gravidade e do desamparo dessa minha dificuldade, pois — e essa é, evidentemente, uma lição que não posso reaprender muitas vezes — não passamos de bichos que andam pela Terra por um breve tempo, um corpo nu em uma gaiola mortal. Um amigo alugou um ginásio perto da casa dele para a festa de seus 50 anos, e passei quase a noite inteira jogando basquete como se eu, de algum modo, tivesse voltado aos 20. "Volte, volte, ó Tempo, em seu voo, / Faça com que eu seja menino de novo só por esta noite!", como nos versos de Elizabeth Allen. Segundo Laurie, eu fiquei "dando voltas como um potro", embora, é claro, duas semanas depois minhas costas tenham piorado, e eu tenha passado uns dias de molho. Pelo menos, voltei à ativa. Minhas costas sempre irão doer um pouco, ou, preferivelmente, a dor irá sempre parar e voltar. "A dor é inevitável; sofrer é opcional", gosta de dizer o Dr. Herring. Quando repeti isso para Laurie, ela agradeceu: "Obrigada, Dr. Herring." Há algum tempo perguntei ao Wolf por que tenho problemas nas costas. Ele explicou que andar ereto foi uma adaptação evolucionária crucial para o ser humano, mas as vértebras, que estão alinhadas na mesma direção que a força da gravidade, frequentemente ficam comprimidas, apertando os nervos e rompendo discos. E completou: "No seu caso, porém, a questão é má postura." Ele estava brincando, mas acho que entendi.

Notas sobre o poço em que nadamos

Nadar é, de longe, o melhor remédio que já descobri para as minhas costas. Não sou bom nadador (pratico o nado de peito ou um elementar de costas, na raia lenta), mas quando parei por duas semanas fiquei surpreso com a falta que senti. Ao voltar à piscina percebi que é lá que consigo (como diz a personagem Evelyn Ames no filme *Lembranças de Hollywood*) "minhas engolfinas". Não suporto domingo, dia em que a piscina não abre.

As pessoas saudáveis ficam fora do Centro Comunitário Green Lake: os lindos patinadores e corredores e os que fazem caminhadas ao redor de um enorme lago no centro da cidade, os jogadores de basquete bombados, os jogadores de beisebol do ginásio, os *yuppies* da Ultimate Freesbee, os bebedores de café *latte* se observando, os jogadores de futebol estilo europeu, os jogadores de vôlei e de softbol. A piscina coberta é o "reino úmido" dos mutilados: os que usam bengala, braçadeiras, joelheiras, pois quem mais estaria desocupado ou teria motivo para estar lá à uma hora da tarde de quarta-feira? Fico com pessoas que se recuperam de cirurgias no joelho, na coluna, ou de acidentes de carro; obesos que se pesam todos os dias, mas nunca parecem perder nem meio quilo; um homem na cadeira de rodas com seu fiel cão que late a qualquer ameaça potencial; outro cadeirante cujo enfermeiro é o que se poderia chamar quase cruelmente de um animado vendedor de sapatos Nordstrom; a "Morsa esguichadeira", um sujeito enorme, de bigode virado para baixo — estamos tomando coragem para falar com ele sobre as enormes ondas que manda para o nosso lado quando "bate" na água. Há também um transexual ainda não operado de Nova Jersey que a cada dia usa roupas mais femininas e empina o traseiro e o peito com mais segurança. Foi ele que certa vez me disse que o vestiário estava trancado devido a um surto de lepra; era apenas um sem-teto que tinha sujado as calças. Quase todo mundo lá está tentando se recuperar de alguma coisa, o que é possível perceber no vestiário masculino, onde não falamos tanto.

Os bons nadadores passam muito tempo conversando: não estão desesperados como nós por reconquistar a boa forma com as 36 voltas obrigatórias (cerca de um quilômetro e meio). Os bons nadadores têm uma estranha capacidade de deslizar na superfície da água, enquanto nós afundamos, afundamos, afundamos. A decadência de nossos corpos, a perfeição dos físicos jovens; a piscina, para mim, significa uma coisa só: o empurrão do tempo, rebocando-nos.

Cada nadador parece perdido em seu espaço aquático (tocar, sem querer, no pé ou no ombro de alguém é sempre uma sensação de estremecimento, algo erradamente íntimo). Nunca estou tão consciente da perplexidade humana como quando estou no Green Lake com meus corpos companheiros. Estamos todos apenas tentando continuar vivos; não temos outro propósito mais notável que vislumbrarmos uma sombra de nós na superfície ao deslizarmos na água. Para que boiar? Para ficar boiando. Sinto a ausência de peso do corpo, fantástico atributo da vida.

Até pouco tempo, meu pai dava no mínimo 15 voltas completas na piscina por dia — e entrava de cabeça, e não pela beirada, como eu faço. Agora, porém, ele mal consegue dar uma ou duas braçadas na piscina do condomínio onde mora, sem que a artrite o obrigue a parar e a apertar a perna com a mão. Ele sempre gostou de fazer trocadilhos medonhos, e vive brincando com variações da palavra "artrite". No começo deste ano, estávamos sozinhos na piscina. Eu dava braçadas e viradas olímpicas — minhas costas estavam estranhamente sem problemas — enquanto ele estava um pouco inseguro na parte rasa. Alguns minutos depois, ele saiu da piscina, se enrolou na toalha e foi para a sauna, levando a página de esportes do jornal.

Sexo e morte (iii)

Assim que os animais, inclusive os humanos, atingem a maturidade sexual, muitas de suas funções enfraquecem. Nos humanos, essas debilidades são percebidas a partir dos 25 anos.

A reprodução do salmão, do polvo e de várias plantas e animais é, na verdade, um suicídio intencional. Após a reprodução, o corpo é uma carapaça inútil, então é descartada. Para todos os efeitos, o corpo é o hospedeiro, e o sistema reprodutor é o parasita que o leva à morte.

Como diz o biólogo E. O. Wilson: "No sentido darwiniano, o organismo não vive para si. Sua principal função não é nem mesmo reproduzir outros organismos, mas sim genes do qual é o portador temporário. O famoso aforismo de Samuel Butler segundo o qual a galinha é apenas o jeito de um ovo fazer outro ovo foi modernizado: o organismo é apenas o jeito de o DNA fazer mais DNA."

Os morcegos vivem mais que os ratos, porém se reproduzem mais lentamente. Os pássaros vivem mais que os mamíferos terrestres, mas aves que não voam têm vida curta. Algumas espécies de tartarugas-do-mar e terrestres vivem mais que os humanos. Organismos que ficam expostos a alto risco investem pouco na conservação e muito na reprodução, enquanto os expostos a pouco risco fazem o contrário.

As moscas-das-frutas, macho e fêmea, que se mantêm virgens vivem mais que as que se reproduzem. Segundo Luc Bussière, zoólogo da Universidade de Zurique, a melhor previsão do sucesso do acasalamento dos grilos é o tempo que passaram chamando as fêmeas. "Prolongamos isso com uma dieta alimentar", informa ele. "Nos machos, as dietas ricas em proteína incentivam a promiscuidade e reduzem o tempo de vida. Os machos, literalmente, se matam tentando chamar a atenção das fêmeas. Para os humanos, isso seria contraprodutivo, porque não queremos morrer jovens. Queremos viver muito. A meta dos animais, por outro lado, é reproduzir-se, não viver mais." O instinto de sobrevivência e o de reprodução são opostos.

As mulheres que vivem mais têm, em média, níveis mais baixos de fertilidade. Homens e mulheres sem filhos, no entanto, não vivem mais que os que são pais e mães. Não podemos escolher não ter filhos e, assim, ganhar alguns anos de vida, ao redirecionarmos nossas fontes de reprodução a esforços de autoconservação. Nossos genes nos tornam descartáveis, mas não nos oferecem a opção de viver mais ao não os propagarmos. Meu pai sempre reclama, sem qualquer constrangimento ou ironia, do peso que era ter de trabalhar para viver: "Veja só, eu queria viver bem, mas de um jeito que não fosse agressivo. Nem sempre foi assim. Tive empregos pelos quais não fui exatamente apaixonado, trabalhava porque tinha contas a pagar, uma série de compromissos e responsabilidades financeiras."

Num teste com ratos brancos que foram separados por uma cerca elétrica, os machos recuaram ao receberem a primeira descarga forte, enquanto as fêmeas continuaram a investir sobre a cerca até cada uma delas ser eletrocutada.

A forma arredondada dos quadris femininos demonstra o potencial para ter filhos; os depósitos de gordura servem de fonte de energia durante a gravidez. Poucas semanas após o nascimento de Natalie saí do supermercado carregando fraldas, comida para bebês etc. Notei então uma jovem muito atraente, de top, ao volante de um conversível vermelho e olhei-a de uma forma que jamais pensei fazer antes, algo como um medroso reconhecimento de que ela estava fazendo todo o possível para perpetuar a espécie.

Muitos filmes hollywoodianos não passam de mitos de procriação disfarçados: conseguir o casal mais fértil para se juntar. Escolhendo um exemplo dentre centenas, no filme *Laura*, de Otto Preminger, o colunista de fofocas Waldo Lydecker só consegue descrever a vida, mas não vivê-la. Já o gigolô Shelby Carpenter é bobo demais para ter qualquer garra pela vida, e só fala clichês. O detetive de homicídios Mark McPherson sabe das coisas e consegue viver bem, apesar dos perigos e do fim inevitável, isto é, a morte. O colunista Lydecker mata a mulher errada e leva um tiro. O gigolô Carpenter, pueril, se rende ao abraço maternal de uma mulher mais velha. Já o detetive e Laura, no final do filme, estão prontos para procriar.

O que, aliás, explica toda a nossa obsessão pela beleza humana: uma adaptação evolucionária para avaliar os outros como potenciais produtores de nossos filhos. Num teste com rapazes do ensino médio, foram mostradas fotos de mulheres mais atraentes e menos atraentes, e eles ficaram mais propensos a ser altruístas e a arriscar em relação às mulheres bonitas. As atraentes têm dez vezes mais chance de "arrumar marido" que as sem graça. Isso não é novidade. As mães com bebês bonitos, contudo, passam mais tempo com eles no colo, olhando-os, que as mães de bebês menos bonitos, que ficam mais ocupadas em atender às necessidades do bebê e se distraem com mais facilidade. Bebês prematuros (que costumam ter rostos falsamente amadurecidos) são considerados difíceis e irritáveis, e as pessoas ficam menos inclinadas a cuidar deles. Da mesma forma, um estudo feito na Califórnia e em Massachusetts, com crianças que sofreram abuso sexual e estavam sob proteção da justiça, concluiu que a maioria delas era "sem graça". Se pedirmos a pessoas que se aproximem de um estranho e parem quando se sentirem constrangidas, elas o fazem a cerca de 61 centímetros de distância das pessoas atraentes e a aproximadamente 30 centímetros das menos atraentes: a beleza é um território privilegiado. Quando jovem, meu pai era muito bonito — um príncipe judeu —, e nunca se conformou com a perda da beleza. No lançamento do meu primeiro romance, fiz uma pequena comemoração, à qual ele não foi, porque não estava se achando em sua melhor aparência. Isso foi em 1984; ele tinha 74 anos.

As pessoas costumam dizer que uma menina muito bonita "vai ser uma destruidora de corações", e essa é uma frase estranha e reveladora. O que significa, exatamente? Que, quando ela crescer, vai usar a beleza como arma, e espera-se mesmo que ela faça isso.

Em *A lei do mais belo*, Nancy Etcoff descreve os galeirões americanos, aves de penas cinza. Seus filhotes têm cabeças implumes e, no restante do corpo, plumagem laranja. Pedem comida à mãe por meio da exibição das cores de suas plumas e de sua cabeça, que se torna de um vermelho vivo. Quando pesquisadores cortaram as plumas laranja de alguns filhotes, estes, pouco atraentes, receberam menos atenção e menos comida da mãe, que alimentou primeiramente os mais coloridos. Quando mulheres dão à luz gêmeos de alto risco e baixo peso, invariavelmente favorecem o mais saudável: confortam, seguram, brincam e conversam mais com o que tem mais chances de sobreviver. Os recursos de uma mãe são limitados: ela precisa saber quanto investir no seu bebê, sem arriscar-se, nem arriscar a vida dos outros filhos.

Um animal mortal é o meio de uma célula germinativa criar mais células germinativas, otimizando, assim, a possibilidade de se fundirem com as do sexo oposto. A continuação da linhagem dessa célula é a força propulsora da seleção natural; a longevidade de cada animal tem importância secundária. Na evolução da espécie, os animais são selecionados por terem reservas físicas acima do mínimo necessário para atingirem a maturidade sexual e cuidarem dos filhos até que eles se tornem independentes. Mas, depois que essa meta é atingida, eles têm reservas suficientes para prosseguir por um período, cujo saldo é chamado tempo de vida. Somos um salmão sem portfólio.

Em 1930, um em cada cinco doentes de câncer sobrevivia; em 1940, um em quatro; em 1960, um em três; em 1990, 40% sobreviviam. Hoje, a metade sobrevive. Uma em cada oito americanas terá câncer de mama, risco que aumenta com a idade. Três fatores de risco são: menstruação precoce, ter filho após os 30 anos e não ter filhos e chegar à menopausa após os 50 anos. Em outras palavras, recomenda-se que as mulheres entrem em cena na hora, digam suas falas no momento certo e depois saiam do palco em fila. Qualquer desvio, qualquer evolução será castigada. Há apenas uma regra biológica imutável, apenas duas exigências ditas em dezenas de formas: procrie e morra.

Eu aguardava pacientemente minha vez de ser atendido numa farmácia quando um rapaz de vinte e poucos anos, com a linda namorada punk, tentou furar a fila. Pedi que respeitasse a fila, e ele reagiu:

— Isso aqui é escola primária?

Respondi:

— Não, é uma fila na farmácia, a não ser que você continue agindo como está agindo...

Ele perguntou por que eu era careca. Eu quis saber por que ele era baixo. Foi uma discussão de altíssimo nível. Ele me empurrou, eu revidei. Ele levantou os punhos e disse:

— Vamos resolver essa.

Voltei a 40 anos antes, e foi como se estivesse no sexto ano, última vez em que entrei numa briga. Senti uma enorme descarga de adrenalina, ouvi o coração batendo forte e fiquei ofegante. Dispensei os murros na farmácia, mas observei, com a aprovação enfática dos companheiros de meia-idade na fila:

— A vida tem regras.

Tem mesmo?

Fiquei pasmado: nunca me ocorreu que um dia diria algo que fosse nem remotamente parecido. Se a vida tem regras, quais são? Numa festa a que fui pouco tempo antes, uma mulher tentava seduzir um jovem com a metade da idade dela, e disse: "Tenho 49, mas sou firme." É isso mesmo: sexo e morte. Reproduzir e esquecer.

John Updike escreveu em *Coelho, corre*, romance que lançou aos 28 anos: "A plenitude acaba quando damos à Natureza sua parte, quando fazemos filhos para ela. Então, ela não quer mais nada conosco, e viramos lixo: primeiro, por dentro; depois, por fora. Caules de flor."

Recentemente, Steve Nash, 34 anos, foi eleito por duas vezes Craque do Ano da liga profissional americana de basquete, a NBA; ele tem filhas gêmeas de 3 anos. Ele disse: "Estou entendendo melhor como minha vida é insignificante. Continuo gostando do meu trabalho, dos meus amigos, da família e dos conhecidos, mas as meninas são tão inocentes e dependentes. Noto que, de certa forma, minha vida acabou."

O romancista Thackeray disse: "Aos 20 anos, muito bem; mas, aos 47, Vênus poderia surgir do mar que eu apenas poria os óculos para dar uma olhada."

Alguns anos atrás eu disse a Laurie que tinha a impressão de que as pessoas da nossa idade (48 anos, ou um pouco mais) tinham começado a tomar "pílulas de delicadeza" — todo mundo parecia tão mais gentil. E ela disse: "Não são eles, você é que está mais simpático. Por isso acha que as pessoas estão..."

"Não, não estou, eu sou uma faca ambulante", protestei.

Barry Hannah descreve assim o protagonista de um de seus contos, homem de quarenta e tantos anos: "Ele ainda não sabia direito qual a causa, mas alguma coisa grande e silenciosa tinha caído como um sussurro meio pesado. Ned Maxy havia conseguido contatar o paraíso, e não conseguia acreditar na falta de barulho."

Uma piada, cortesia do Dr. Herring: há três tipos de sexo durante o casamento. Assim que se casam, os dois são tão lascivos que fazem sexo em todos os cômodos da casa. Após alguns anos, a paixão esmorece um pouco, e o sexo se restringe ao quarto. Vão-se muitos anos, um passa pelo outro no corredor e diz: "Foda-se." Um em cada cinco casais faz sexo menos de uma vez por mês, e há pouco tempo ouvi no rádio uma mulher dizer que os casais deveriam fazer sexo com a mesma frequência com que pagam seus impostos (a cada quatro meses? anualmente?).

Quando as pessoas sobrevivem após a fase reprodutiva, as tênues articulações do corpo ficam desobrigadas. A glândula timo, por exemplo, degenera após nossa maturação sexual. Aos 50 anos, mantemos apenas de 5% a 10% da massa original do timo, cuja produção de hormônios diminui a partir dos 25 anos e já não é detectável após os 60.

O peso e o tamanho do útero diminuem após a menopausa até os 65 anos, quando fica com a metade do peso que tinha aos

30. Após os 60 anos, os homens têm cada vez menos ereções no sono. A frequência e a intensidade dos devaneios sexuais caem até os 65 anos, quando somem quase completamente.

Na velhice, o filósofo Sófocles disse que estar finalmente livre do desejo sexual era "como fugir da escravidão para uma loucura absoluta."

Mais uma vez, em contraste com todo esse declínio e queda, eis um trecho do texto que meu pai escreveu, aos oitenta e tantos anos, para sua aula:

> Engraçada a facilidade com que podemos interpretar mal os outros ou, mais exatamente, as mulheres. Como é fácil se desapontar com o que ocorre ou com o que é dito num primeiro encontro. Após nosso primeiro encontro, achei que iríamos nos tornar amantes em um mês. Numa previsão mais pessimista, seis semanas ou dois meses. Conheci Virginia no centro de idosos de Palo Alto, onde fui assistir a uma palestra sobre o futuro do romantismo literário. Cheguei atrasado, e o único lugar que havia era na fila do fundo, ao lado dela. Depois que a palestra, as perguntas e o café com biscoitos terminaram, era tarde, e por isso me ofereci para acompanhá-la até o estacionamento. Ao chegarmos lá, resmunguei o habitual "Prazer em conhecê-la", e ia embora quando ela tirou da bolsa um cartão com nome e telefone. Pediu para eu ligar.
>
> Liguei duas semanas depois. Era uma noite de sexta-feira, e perguntei se podíamos nos encontrar na noite seguinte e me desculpei por convidá-la tão em cima da hora. Ela disse que eu não precisava me desculpar, me chamou para jantar na casa dela e disse que eu seria tão bem-vindo quanto as flores em maio. Pena que ela repetisse aquele bobo "flores

em maio" toda vez que eu ligava para combinar local e hora do nosso próximo encontro.

Naquela primeira noite, ajudei-a a lavar os pratos depois do jantar. Ela disse algo parecido com eu ser um ótimo faz-tudo para a casa e acrescentou que em todos os anos em que esteve casada com um ocupado médico em Santa Clara ele jamais lavou nem secou um prato. Elogiar minha ajuda era a dica perfeita para uma das minhas piadas-de-efeito-garantido, e fui informando: "Não sou desses homens que acham que lugar de mulher é na cozinha. Não sou machão." Ela riu, aprovando, e disse que eu era um sujeito ótimo e que estava contente de ter me encontrado aquela noite no centro de idosos.

Às dez da noite Virginia sugeriu que assistíssemos ao jornal. Sentamo-nos no sofá, e eu segurei a mão dela. Uns 15 minutos depois, tentei beijá-la, nada sério, mas ela recuou e pediu para ir devagar, ter paciência, pois eu era o primeiro homem com quem ela saía desde a morte do marido, três anos antes. Isso, acompanhado da frase que eu ouviria muitas vezes: "Milt, preciso de um pouco mais de tempo."

Certo, garanti naquela primeira noite. Assistimos ao restante do jornal de mãos dadas. Nada mau, pensei, nos 45 minutos que levei de carro até minha casa. Com o tempo, vai funcionar. Não podia perder aquela chance. Eu era um viúvo solitário com muito tempo e pouco dinheiro; ela, uma viúva solitária, ansiosa por companhia. E mais. Foi o que deu a entender, sem muita sutileza.

Meses depois, fomos a um lauto banquete comemorativo dos 40 anos de casamento de um casal que ela e o finado marido conheciam havia anos. Voltamos para o apartamento dela por volta da meia-noite. Eu tinha bebido mais do que o habitual e dançado quatro ou cinco vezes com ela, o que também era acima da minha cota. Ela pareceu se grudar em mim nas músicas mais lentas, coisa que nunca tinha feito antes.

Por isso, ao chegarmos ao apartamento dela, eu estava um pouco mais romântico, com um pouco mais de tesão. Entramos, fechamos a porta e agarrei-a, desajeitado, mas ela se esquivou, dizendo que tinha de passar pó no rosto e queria trocar aquelas roupas apertadas e elegantes. Interpretei que a paciência que tive no início da relação, dando mais tempo, seria recompensada.

Preparei-me: tirei o paletó preto e coloquei-o na cadeira. Tirei também a gravata-borboleta preta e enfiei os sapatos embaixo do sofá. Fiquei esperando como um colegial ansioso.

Virginia saiu do banheiro, colocou uma fita de maravilhosa música suave e sentou-se ao meu lado. Agarrei-a, empurrei-a no sofá e tentei beijá-la. Ela me afastou pedindo para, por favor, ficar calmo. Tentei enfiar a mão no roupão dela e apertar seus fartos seios.

Então, ela repetiu o que disse em nosso primeiro encontro: "Por favor, não me apresse, Milt. Preciso de tempo." Mas naquela noite não engoli o que tinha certeza de ser uma desculpa ou um engodo. Entrei em erupção como um Vesúvio, berrando: "De quanto tempo mais você precisa? Seu marido morreu há três anos, não? E que história é essa de casamento maravilhoso que durou 40 anos?" Lembrei que ela uma noite me disse que teve três casos extraconjugais, um dos quais durou cerca de sete anos. Portanto, o casamento não era tão maravilhoso. "Senhora, está mais do que na hora de aproveitar o que resta da sua vida, seja comigo, seja com qualquer outro."

Aí, ela perguntou se não podíamos ser apenas amigos e deixar o sexo de lado.

Foi o que bastou. Agarrei meu paletó e a gravata na cadeira, os sapatos embaixo do sofá e, furioso, fui para a porta, de onde dei o tiro de despedida. Disse que estava cansado das encenações dela. Era demais seis meses de frustração, seis meses de uma relação antisséptica e sem sexo. Eu precisava e queria o amor e o carinho de uma boa e completa relação, e pensei que ela também. "Se eu quisesse amizade, comprava um cachorro", completei. Não sabia onde tinha lido ou ouvido aquela frase, mas, pensei, era a pá de cal. Ela ficou com a língua literalmente dependurada, pronta para reagir, mas muda. Não preciso dizer que nunca mais nos vimos.

Sonho na cesta de basquete (viii)

Eu outrora senti, em meu corpo, uma imensa alegria por estar vivo, e principalmente quando jogava basquete, e poucas vezes mais tive essa tal alegria, e assim é a vida. Estou com 51 anos e me sinto assim; eu não acho que meu pai tenha começado a se sentir assim até ter 95 anos.

Velhice e morte

Declínio e queda (iii)

Samuel Johnson escreveu para um amigo mais jovem: "Quando eu era como você é hoje, poderoso na segurança dos 21 anos, eu mal desconfiava de que aos 49 seria o que sou hoje."

Aos 50 anos, a capacidade de sentir vibrações na parte inferior do corpo diminui consideravelmente. Os nervos que levam os sinais de informação para o cérebro também diminuem. A cada década, a partir dos 50 anos, o cérebro perde 2% do peso. Temos dificuldade de aprender, e a memória vai se enfraquecendo cada vez mais. A memória em si (a codificação de informações) não diminui numa pessoa mais velha e saudável, mas lembrar algo pode se tornar um processo dolorosamente lento e exigir muito mais esforço. Idosos são mais suscetíveis a se distrair, têm dificuldade de coordenar tarefas simultâneas e têm falhas de atenção. Resolvem bem tarefas simples em situações normais, mas, quando precisam de esforço ou estão sob qualquer pressão, costumam ter dificuldade. Talvez por isso alguns idosos, não conseguindo vencer esse obstáculo, prefiram o sossego à agitação.

O escritor Evelyn Waugh disse: "Os velhos são mais interessantes do que os jovens. Gosto muito de observar que, por mais rebeldes que tenham sido quando jovens, após os 50 anos as pessoas passam a ter os hábitos, os jeitos e as opiniões dos pais."

"Aos 50 anos, todo mundo tem a cara que merece", disse o escritor George Orwell.

Virgílio, autor da epopeia *Eneida*, morreu aos 50 anos.

À medida que envelhecemos, as lentes oculares ficam turvas — é a catarata. As células do nervo óptico podem ser prejudicadas pelo glaucoma ou pela degeneração macular. Entre os 52 e os 64 anos, 42% das pessoas precisam de óculos para ler; assim como 73% dos que têm entre 65 e 74 anos e 92% dos que têm mais de 75 anos. Meu pai fez cirurgia de catarata há 20 anos, e aposentou os óculos.

Shakespeare morreu aos 52 anos.

O ator John Wayne disse: "Tenho 53 anos e 1,90m. Casei três vezes, tenho cinco filhos e três netos. Gosto de um bom uísque, mas continuo sem entender as mulheres, e acho que nenhum homem as entende."

Ganhamos peso até os 55 anos, quando começamos a perder (especificamente: tecido magro, massa muscular, líquido e osso). A gordura passa a se acumular mais nas coxas e menos na barriga. As extremidades do corpo ficam mais finas, e o tronco, mais grosso. Esse aumento do corpo na meia-idade não é devido apenas ao aumento de tecidos gordurosos, mas à perda do tônus muscular e ao afinamento da pele, já que suas células perdem o viço.

O poeta Dante Alighieri morreu aos 56 anos.

Dos 50 aos 60 anos, a memória visual diminui um pouco; após os 70 anos, diminui muito.

O teatrólogo Noel Coward aconselhou um amigo de meia-idade a não fazer mais regime: "Isso é uma vaidade boba. A juventude não é mais essencial, nem conveniente. Tenho quase 57 anos e acho que ter saúde e felicidade é mais importante do que ter agilidade. Ser gordo é ruim e dá a impressão de relaxamento, exceto quando a gordura foge do controle, mas, por mais magro que você seja, vai continuar com a idade que tem e não vai enganar ninguém. Portanto, acabe com essa bobagem. Mantenha a energia se alimentando bem e aproveitando a vida."

Disse o escritor T. S. Eliot: "Os anos mais difíceis são entre os 50 e os 57, quando lhe pedem coisas e você ainda não está bastante decrépito para recusar."

No final da meia-idade, a pele das mãos fica menos sensível ao toque. As células da pele se regeneram menos e ela enfraquece e seca; a quantidade de glândulas sebáceas diminui muito, e os tecidos da pele sofrem algumas mudanças: ficamos com rugas e cabelos brancos. As rugas não são causadas pela idade, mas pelo sol, que ataca aos poucos, provocando rugas, manchas e flacidez. Embora, com a idade, a pele perca a elasticidade e os cortes e os ferimentos demorem mais a cicatrizar, a pele nunca se desgasta por completo.

Aos 59 anos, disse o cantor e compositor Neil Young: "Aos 20 anos, você e o seu mundo são a coisa mais importante, e tudo gira em torno do que você está fazendo. Hoje, percebo que sou uma folha boiando na superfície de um rio." Meu pai detesta essa forma de pensar — acha que é derrotista.

O nível de colesterol no sangue aumenta. A capacidade do sangue de manter um nível normal de glicose diminui com a idade. Aos 60 anos, perdemos 25% da quantidade de saliva que normalmente produzimos para comer, e fica mais difícil digerir alimentos pesados.

* * *

Aos 60 anos, temos 20% menos força do que na meia-idade; aos 70, 40% menos. Perdemos mais força nos músculos das pernas que nos das mãos e dos braços. Também vamos perdendo os movimentos rápidos ("contrações de corredor") bem mais depressa do que os lentos ("contrações de andarilho"). Algumas dessas perdas podem ser adiadas com exercícios, mas não totalmente. No geral, a diferença entre as pessoas aumenta com a idade: quase todos os jovens têm, por exemplo, a mesma função hepática e resolvem um problema com aproximadamente a mesma rapidez. Mas, com relação aos mais velhos, alguns serão normais, outros estarão em grande desvantagem e a maioria ficará no meio.

O ensaísta Emerson disse: "Estranho que não fique na moda fazer haraquiri ao completar 60 anos, como fazem os japoneses. A natureza é tão agressiva nas suas insinuações e recados: não chega a puxar a manga de sua camisa, mas arranca seus dentes, tira mechas dos seus cabelos, rouba sua visão, enruga sua cara numa máscara feia. Em resumo: vai lhe agredindo de todas as maneiras, sem pelo menos diminuir sua preocupação com a boa aparência. Ao mesmo tempo, vai moldando ao seu redor novas figuras de incrível beleza, o que, claro, só piora a situação."

No mesmo ano em que morreu, aos 62 anos, o escritor Émile Zola reconheceu: "Tenho passado maravilhosas tardes no meu jardim, observando tudo o que está vivo ao meu redor. À medida que envelheço, sinto as coisas indo embora, e gosto delas com mais intensidade."

O relações-públicas bajulador Harlan Boll explica por que mente a idade de seus clientes: "O povo americano não perdoa quem fica velho." O que, claro, é verdade. Jackie Kennedy disse que se soubesse que ia ter câncer aos 65 anos não teria feito tantos exercícios abdominais. Na cadeia, o ex-jogador O. J. Simpson reclamou para a namorada que, na meia-idade, seu lindo traseiro em forma de maçã tinha caído. A gravidade puxa para baixo.

Ao chegarmos aos 65 anos perdemos de 30% a 40% da capacidade aeróbica. As paredes do coração se espessam, e há mais chance de uma doença cardíaca. Aos 60 e aos 80 anos, respectivamente, homens e mulheres têm 60% de chance de sofrer grande estreitamento de pelo menos uma das artérias coronárias. O espessamento nas paredes das grandes artérias causa aumento progressivo da pressão, o que por sua vez provoca um peso cada vez maior no coração. Como a cada batida ele precisa trabalhar mais e usar mais força, a eficiência do sistema cardiovascular decai muito. Todos os anos, 1,5 milhão de americanos têm enfarte do miocárdio, 70% dos quais ocorrem em casa. Quem sobrevive a um ataque cardíaco vai acabar morrendo de alguma doença relacionada com o coração. Meu pai teve um ataque aos 86 anos (discorro mais sobre o assunto depois); aos 92, teve uma parada cardíaca de 30 segundos durante um tratamento eletroconvulsivo. Alguns meses atrás, ele tinha de fazer uma colonoscopia, e ficou apavorado com que o exame parasse o coração dele para sempre. (O exame foi pedido porque ele estava com sangramento nas fezes e o médico queria buscar a causa da diarreia alternada com prisão de ventre.)

Aos 65 anos, perdemos aproximadamente 28g dos cerca de 1.500 de nosso cérebro e um décimo das células cerebrais. A área motora do córtex frontal perde 50% dos neurônios, assim como a área posterior, que controla a visão, e a área lateral, que controla as sensações físicas. Os giros (as convoluções elevadas no córtex, onde se situa grande parte do nosso raciocínio) sofrem a atrofia mais forte. O cérebro de uma pessoa de 90 anos é do mesmo tamanho do de uma criança de 3. Os detalhes do novo programa de benefícios do plano de saúde Medicare intrigam e incomodam todo mundo, inclusive eu, mas derrotaram completamente meu pai: ele não entende mais os conceitos como antes. Sob vários aspectos, parece que suas operações mentais voltaram a ser elementares.

As juntas do corpo envelhecem devido à deterioração da cartilagem, dos tendões e do líquido, que, em seu interior, começa a ficar mais ralo. Com isso, há mais fricção. A partir dos 65 anos, quase todo mundo tem algum problema nas juntas; uma em cada duas pessoas tem um problema de médio a grave. Um terço das americanas com mais de 65 anos tem problemas nas vértebras devido à osteoporose, redução da densidade dos ossos. Quanto mais osso tivermos na idade adulta, menos possibilidade de osteoporose. (De maneira geral, é melhor e mais simples prevenir os problemas da velhice na juventude, exatamente quando não estamos pensando nisso.)

No jovem adulto, o reflexo que avisa que o corpo precisa urinar ocorre quando a bexiga está cheia pela metade. Acima dos 65 anos, o aviso só ocorre quando a bexiga está quase cheia.

Cinco por cento da população norte-americana moram em casas para idosos. Há 12 anos perguntei a meu pai se ele gostaria de ficar numa instituição dessas, em Seattle. Resposta: "Não sei por quanto tempo ainda vou trabalhar. No momento, não posso morar lá e assistir aos jogos (de basquete, beisebol, futebol etc.) para fazer duas ou três matérias por semana. Não estou caindo aos pedaços. Ainda tenho um pouco de dinheiro na poupança, mais a Previdência Social, a aposentadoria que fiz em 1977 e o que recebo todo mês do jornal. Sou como o sujeito que aposta em Las Vegas dizendo: 'Espero ganhar o que apostei. Preciso desse dinheiro.' É impossível descrever a falta que sentirei de você, Laurie, Natalie, Paula e Wayne (minha irmã e meu cunhado, que moram em Tacoma, 20 quilômetros ao sul de Seattle). O condomínio Woodlake oferece muitas atividades, além do clima horroroso de Seattle. Considero a casa para idosos o fim da linha. Nós, velhos, costumamos brincar sobre esses lugares, chamando-os de 'sala de espera de Deus'. Lá, a média de idade é falecida. (Humor negro.) Portanto, eu gostaria de passar meus últimos dias aqui, no meu apartamento em Woodlake. Não estou preparado para esse tipo de vida. Ou de passar o tempo. Vou citar de novo meu livro de frases impagáveis — não sei quem escreveu, nem onde li: 'Cada um escolhe sua colina para morrer.' A minha, certamente, não é numa casa de idosos. O ideal seria num campo de golfe. O cantor Bing Crosby e mais algumas pessoas conhecidas morreram em campos de golfe. Um bom jeito de ir embora, depois de viver muitos anos. Não aos 50, ou 60 anos."

Hoje, os Estados Unidos têm mais habitantes acima dos 65 anos do que nunca. Só 30% das pessoas de 75 a 84 anos têm deficiências — a menor porcentagem já registrada.

Cinco a oito por cento das pessoas acima de 65 anos têm demência senil; a metade dos que têm mais de 80 anos, também. A doença de Alzheimer é um dos muitos tipos de demência senil, e o mais comum, afetando um em cada dez americanos acima dos 65 anos e um em cada dois acima dos 85. Os doentes costumam ser pessoas que tiveram uma ocupação de baixo estresse, isto é, de pouco estímulo mental. Por enquanto, meu pai não tem qualquer sinal de Alzheimer: continua lendo e relendo textos de Robert Caro sobre Robert Moses; de Philip Roth sobre Newark; de Arnold Rampersad sobre Jackie Robinson; de Gar Alperovitz sobre a decisão de atirar a bomba atômica.

Segundo o escritor Noel Coward: "Aos 67 anos, os prazeres que um dia foram o máximo parecem bobos."

Aos 68 anos, Edmund Wilson disse: "Saber que a morte não está muito longe, que minhas ideias, sentimentos e energia vão sumir em pouco tempo, como fumaça no ar, faz com que os problemas terrenos fiquem sem importância, e os seres humanos, cada vez mais ignóbeis. Torna-se mais difícil levar a vida a sério, inclusive os próprios esforços, conquistas e paixões."

William Dean Howells escreveu em carta para Mark Twain: "Amanhã faço 69 anos, mas pareço não me incomodar. Não comecei essa história e não me perguntaram nada sobre ela em nenhuma fase. Nasci para ter medo de morrer, mas não de envelhecer. A velhice tem muitas vantagens, e se os velhos não fossem tão ridículos não me importaria de ser um deles. Mas são ridículos e feios. Os jovens não veem isso com tanta clareza quanto nós; um dia, verão."

Diz o escritor Thomas Pynchon: "Quando falamos em 'seriedade' na ficção estamos nos referindo, em última instância, a uma postura em relação à morte: como os personagens podem agir diante dela, por exemplo, ou quando não estão tão próximos dela. Todo mundo sabe isso, mas quase nunca se toca no assunto com escritores mais jovens, talvez porque qualquer um na idade do aprendizado considera esse aviso um desperdício."

Há 15 anos, num lindo dia de primavera, meu pai e eu fazíamos cooper no quarteirão quando um ônibus escolar com garotas do ginásio apareceu na esquina. Ele encheu o peito, pisou firme, ficou se exibindo. Várias garotas, em vez de fazerem ooohs ou aaahs, assoviarem, aplaudirem ou ignorarem meu pai, enfiaram a cabeça para fora da janela no fundo do ônibus e fizeram a coisa mais cruel: riram dele.

A banda AC/DC canta, em *Back in Black*: "Você é jovem, mas vai morrer."

Quando temos sessenta e tantos anos, comemos menos. Nosso metabolismo baixa um pouco. Os homens perdem, a cada década, 3% do peso ósseo (meu pai pesa hoje 75 quilos) e as mulheres, 8%. Durante a vida adulta, os homens perdem cerca de 15% da densidade mineral e as mulheres, 30%. O diâmetro dos antebraços encolhe, assim como o das panturrilhas.

A densidade dos sistemas circulatórios da pele (veias, artérias, arteríolas) se reduz, daí porque os velhos sentem frio antes de o inverno chegar. E a pele também deixa de funcionar como uma barreira, pois está mais fina — é como se fosse um casaco muito leve. À medida que envelhecemos, a temperatura da pele do rosto cai. Para um idoso, a temperatura agradável é 10 a 15 graus acima do que é para um jovem.

A cada dia, o adulto perde de 30 a 50 mil nervos e 100 mil células nervosas. Com o tempo, coração, pulmões e próstata aumentam. O nível de potássio no corpo diminui. Após os 70 anos, a capacidade de absorver cálcio reduz muito.

Tolstoi escreveu para a esposa Sonia, que era 16 anos mais jovem que ele: "O principal é fazer como os hindus, que ao se aproximarem dos 60 anos retiram-se para a floresta e, todos religiosos, consagram seus últimos anos de vida a Deus — não a piadas, trocadilhos, mexericos e tênis [piadas, trocadilhos, mexericos, tênis: os alto-falantes estão chamando Milton Shildcrout...]. Assim, como estou chegando aos 70 anos, anseio de todo o coração e alma por essa tranquilidade e solidão." Ele morreu aos 82 anos, ao cair numa estação de trem, fugindo de Sonia, com quem estava brigando.

Aos 70 anos, as córneas têm o triplo do tamanho de quando tínhamos 20, por isso enxergamos muito melhor de longe; após os 70 anos, passamos a enxergar melhor de perto. Com a idade, as córneas ficam mais espessas e mais pesadas, reduzindo a capacidade de focar objetos próximos. Cai também a capacidade de contrastar e de adaptar a visão a mudanças de luz. Quando envelhecemos, a córnea adquire um tom amarelado, reduzindo nossa capacidade de distinguir entre o verde, o azul e o violeta. Os tons de azul ficam mais escuros, e os amarelos, menos brilhantes. Enxergamos menos o violeta. À medida que os pintores envelhecem, usam menos azul-escuro e violeta.

Após fazer a volta ao mundo aos 66 anos, de navio, Sir Francis Chichester disse: "Se você erra, que importância tem? No fim das contas, a vida é um fracasso. O melhor é se satisfazer em tentar acertar."

Homens e mulheres acima de 75 anos têm dez vezes mais derrame do que os entre 55 e 59 anos.

O escritor Gore Vidal, um entediado profissional, disse, após vender sua casa numa colina de Ravello, na Itália, porque não conseguia mais subir a escada: "Tudo na vida tem seu tempo, e no ano que vem farei 80 anos. Não sou sentimental sobre nada. A vida segue e você segue junto, ou não. Muda, ou não."

Quando somos muito jovens, nossa capacidade olfativa é intensa a ponto de ser quase opressiva, mas a partir dos 80 anos ela diminui muito, e nosso corpo não tem mais cheiro — não precisamos mais usar desodorantes. Estamos definhando.

O historiador social Ronald Blythe diz que "os velhos precisam ser tocados. Estão num estágio da vida em que precisam de beijos e abraços, mas só quem toca neles é o médico." Aos 82 anos, o escritor E. M. Forster declarou: "Agora estou mais propenso à lascívia senil: quero tocar a pessoa certa no lugar certo para me livrar da solidão do corpo." Nos últimos anos, sempre que abraço meu pai ao chegar ou ao sair de casa, ele chora sem parar, e seu corpo estremece.

O escritor Voltaire disse por carta a um amigo: "Por favor, não diga que tenho apenas 82 anos — é uma mentira cruel. Mesmo sendo verdade, conforme a maldita certidão de batismo que registra meu nascimento em novembro de 1694, você há de concordar comigo que estou no octogésimo terceiro ano de vida." Quando ficamos muito velhos, queremos ser considerados mais velhos ainda — é um cumprimento. Aos 67 anos, meu pai fez um plano de aposentadoria que terminaria de pagar aos 76 anos; como ele já ultrapassou essa idade em 21 anos, conta para todo mundo quanto ganhou. E conta até para estranhos que daqui a três anos completará 100 anos.

Aos 83 anos, o compositor Sibelius disse: "Cheguei finalmente à conclusão de que nossa existência terrena acaba. Passei a vida inteira sem pensar nisso. Mas tive essa certeza ao olhar para uma velha árvore no jardim: quando viemos para cá, ela era bem pequena, e eu a via de cima. Agora, está muito acima de mim e parece dizer 'Você vai embora logo, mas eu vou ficar aqui mais centenas de anos'."

Aos 85 anos, o financista Bernard Baruch disse: "Só considero velho quem tem 15 anos mais que eu."

Aos 90 anos, nossos rins perdem a metade da capacidade de filtrar o sangue.

Nessa idade, ficamos cada vez menos propensos a contrair câncer, pois os tecidos de uma pessoa idosa não atendem às necessidades de tumores agressivos, famintos de energia.

Aos 90, uma de cada três mulheres e um de cada seis homens sofrem fratura da bacia, que costuma iniciar uma espiral descendente que acaba na morte. A metade dessas pessoas não conseguirá mais andar sem ajuda. Já meu pai, até os 95 anos, andava um quilômetro e meio indo e vindo da biblioteca, levando e trazendo livros.

Com essa idade, as verrugas dele foram sumindo (uma verruga costuma durar 50 anos) e apareceram no peito as chamadas "verrugas-cereja", porque parecem com essa fruta; o nome técnico é hemangiomas. O médico achou lindos os hemangiomas de meu pai (que são tumores benignos formados de grandes vasos sanguíneos). Para o médico, é fácil dizer isso — trata-se de um presunçoso de 67 anos. Meu pai considerava os hemangiomas tão desagradáveis quanto espinhas no queixo de uma adolescente.

Aos 97 anos, um mês antes de morrer, o escritor Bertrand Russell confessou à esposa: "Odeio ir embora do mundo."

O intelectual francês Bernard de Fontanelle, que morreu aos 100 anos, disse: "A única coisa que sinto é certa dificuldade em continuar vivendo."

O filósofo Aristóteles descreveu a infância como quente e úmida; a juventude, como quente e seca, e a idade adulta, como fria e seca. Ele acreditava que o envelhecimento e a morte eram causados pelo fato de o corpo passar de quente e úmido a frio e seco, mudança que considerava tão inevitável quanto desejável.

Na peça de Shakespeare *Como Gostais* o personagem Jaques diz: "Assim, de hora em hora, ficamos mais e mais maduros/ Depois, de hora em hora, mais e mais podres." As Páginas Amarelas do condado de Sullivan, em Nova York, informam aos leitores que "o processo de viver demonstra que todos nós somos temporariamente sãos." A poetisa americana Matthea Harvey, de 34 anos escreveu: "Pena que a banheira seja obrigada a assumir a forma humana", título de um de seus livros. Parafraseando a contista e poetisa americana Grace Paley, o tempo transforma todos nós em macacos; até meu pai, por mais que ele se esforce.

A ÚNICA CERTEZA DA VIDA É QUE UM DIA VOCÊ VAI MORRER

O poeta e pregador inglês John Donne disse, num sermão: "Todos nós estamos presos numa cela, e a vida consiste apenas em sair dela para o lugar onde seremos executados, para a morte. Nunca se viu ninguém dormir na carroça que leva de Newgate a Tyburn: alguém dorme durante o trajeto entre a prisão e o local da execução? Mas nós dormimos o tempo todo; do ventre materno à sepultura, nunca estamos totalmente despertos."

Disse Charles Lamb: "Até os 30 anos, o jovem não percebe claramente que é mortal."

E o escritor John Ruskin: "Veja se não é um curioso e estranho estado mental: aos 43 anos, em vez de me acalmar como uma criatura de meia-idade, tenho mais impulsos juvenis do que quando era jovem, e me sinto péssimo porque não posso subir, correr, lutar, cantar ou flertar, da mesma forma que me sentia quando era jovem, pois não conseguia ficar sentado escrevendo metafísica o dia todo. Errei nos dois extremos da vida..."

O personagem-título do romance *Tio Vânia*, de Tchekhov, diz: "Estou com 47 anos. Até um ano atrás, tentei deliberadamente cobrir meu rosto com o casaco para não ver a realidade da vida, e achava que estava agindo certo. Mas, agora, se você soubesse! Noite após noite perco o sono, com vergonha e raiva por ter deixado o tempo escoar tão estupidamente nos anos em que poderia ter tudo o que a idade agora me impede."

O poeta inglês Edward Young escreveu: "Aos 30 anos, o homem desconfia de que é um idiota; aos 40, tem certeza, e muda de plano. Aos 50, critica seu atraso infame, põe em prática sua prudente intenção de decidir. Com toda a magnitude de pensamento, decide e torna a decidir, depois morre do mesmo jeito."

Picasso disse: "A gente começa a ficar jovem aos 60 anos, mas já é tarde demais."

Aos 62 anos, o escritor Jonathan Swift declarou: "Sempre acordo achando a vida mais insignificante do que no dia anterior."

Leonardo da Vinci, que morreu aos 67 anos, disse: "Eu achava que estava aprendendo a viver quando, na verdade, estava aprendendo a morrer."

Diz o romancista Barry Hannah: "O problema é que levamos apenas 75 anos para aprender tudo e então percebemos que já sabíamos mais por instinto, quando jovens, do que depois de todos esses livros, anos e filhos."

Aos 78 anos, Lorde Reith, primeiro diretor-geral da BBC, disse: "Nunca aprendi direito como viver a vida e só descobri tarde demais que ela é para ser vivida."

Jean de la Bruyère, moralista do século XVII, disse: "A vida do ser humano tem apenas três eventos: nascimento, vida e morte.

Ele não tem consciência de nascer, morre na dor e se esquece de viver."

Apenas lamentos:

Meu pai veio da Bay Area passar o fim de semana e, seis dias depois, dei a ele de presente de Dia dos Pais um camarote no jogo dos Mariners. Eu estava morando em Seattle fazia pouco tempo e foi a primeira vez que entrei no estádio Kingdome, que, pintado de azul-marinho e verde-claro, me pareceu um aquário de peixes tropicais. Meu pai iria fazer 79 anos no mês seguinte e queria, quando chegasse aos 80, deixar o emprego de meio expediente, dirigir um Winnebago modelo *cross-country*, depois ir de avião a Wimbledon comer morangos com creme.

Os Mariners estavam na sexta colocação e jogavam contra os Tigers, lanternas do campeonato, na Noite do Avental de Churrasco. Enquanto assistíamos aos rebatedores treinarem, abrimos nossos aventais de plástico dos Mariners que tinham um estranho cheiro de formol e relembramos todas as histórias de beisebol que meu pai contou a vida inteira, mas dessa vez insisti em que não as enfeitasse. Ele sempre disse que jogava no time semiprofissional de beisebol, e eu o imaginava deslizando em campos de areia reluzente para ganhar seu sustento, mas a equipe só tinha caras de outro bairro que, de vez em quando, pagavam 10 dólares para ele jogar no time titular e arremessar a bola com "efeito curva". Ele costumava dizer que foi capitão de um time de beisebol do Exército formado só por grandes jogadores, e que excursionava pelo exterior; como eu era criança, tinha certeza de que papai havia passado o ano de 1943 em Okinawa, rebatendo bolas altas para Ted Williams e Joe DiMaggio. Ele era apenas secretário de excursão, o melhor jogador do time era do Tigers de Detroit, Pat Mullins, e o jogo era o softbol de arremesso rápido.

Meu pai era muito parecido com o técnico do Dodgers, Leo Durocher ("atleta bom finaliza a jogada"). Quando morávamos em Los Angeles, consta que o lixeiro da nossa rua estendeu a mão para ele, dizendo: "Sinto muito que seu casamento tenha terminado, Sr. Durocher." O técnico tinha se divorciado havia pouco da atriz Laraine Day, e o lixeiro estava sendo solidário no estilo masculino — ou era essa a história que constava. Não sei por que, sempre achei que meu pai ficava em cima do lixo na carroceria do caminhão, levantava os latões com uma das mãos e reclamava da panelinha que é Hollywood, quando na verdade ele comentava com minha mãe sobre fingir que era Leo Durocher. Mamãe recomendou que ele não enganasse o ingênuo lixeiro, e meu pai saiu correndo atrás do caminhão do lixo para explicar e corrigir a história.

Antes de o jogo começar, houve uma "Corrida da Paz" pelo campo, uma espécie de maratona em defesa de alguma causa, não entendi muito bem, pois os alto-falantes pareciam transmitir através de um lava-carros. A seguir, os árbitros entraram no campo de grama sintética. Como estávamos em Seattle, eles não foram nem um pouco vaiados, o que desapontou meu pai. Em 1940, ele era o melhor aluno de uma escola de árbitros da Flórida dirigida por Bill McGowan, que disse que ele poderia se tornar "outro Dolly Stark", um árbitro judeu. Mas antes de ser escalado para a última divisão do campeonato meu pai pediu dispensa dizendo que enxergava mal à noite. Acabou como árbitro dos jogos do Brooklyn College-Seton Hall, e uma vez foi agredido na cabeça com uma bengala depois de expulsar o filho de alguém quando o jogo estava empatado, dois jogadores fora e as luzes falhando. A história preferida de meu pai sobre Bill McGowan, que praticou boxe amador, foi quando ele se irritou com as reclamações de Babe Ruth e, no intervalo de uma rodada dupla, desafiou-o para uma luta. Babe não topou. O herói das histórias de meu pai costuma ser outra pessoa — raramente é ele.

O time dos Mariners fez três pontos na primeira entrada. Keith Moreland, dos Tigers, parecia dolorosamente deslocado na terceira base. Ken Griffey Jr. fez uma bela pegada na quinta entrada. O jogo estava meio sem graça para meu pai e para mim, que há muito torcíamos para os Dodgers. Foi como ele definiu: "Isso parece um filme em que não estamos interessados no que vai acontecer com os personagens."

Encarregado de escrever um texto sobre seu time preferido, meu pai contou: "Quando eu tinha 8 ou 9 anos, talvez menos, jurei fidelidade eterna aos Dodgers do Brooklyn. Olhando muitos anos atrás, tenho a impressão de que jurei isso quando minha mãe ainda me amamentava. Minha afeição por esse time estava só um ponto abaixo do que sentia por minha família."

Assim como as paredes do meu quarto de criança eram cobertas de fotos do Los Angeles Dodgers, as dele eram cobertas pelas do Brooklyn Dodgers. O jogador Zack Wheat. O jogador Dazzy Vance. E Wilbert Robinson. O texto dele prossegue:

> Eles jogavam no estádio Ebbets Field, que era o meu templo — e o beisebol, (às vezes, jogado com uma incompetência de cortar o coração), minha religião laica. Aprendi a posição de cada jogador do Dodgers antes de saber o alfabeto. E me tornei perito numa intrincada tabela de jogos antes de aprender os números na escola. Era uma questão de prioridade.
>
> Para dar uma ideia do tipo de fã que eu era (que loucura): na temporada de jogos, eu corria para a porta do nosso apartamento às seis da manhã para pegar o *New York World* e saber como tinha sido a atuação dos Dodgers no dia

anterior. Se tivessem vencido, eu ficava todo contente, cantava baixinho para não acordar o restante da família. Mas se tivessem perdido eu me sentava à mesa da cozinha e chorava até soluçar. Meu pai ouvia o choro, levantava da cama e tentava me consolar.

— Milt, quem são esses jogadores do Dodgers que estão fazendo você sofrer? Por que leva isso tão a sério? O que houve? Alguém morreu? — ele perguntava, colocando a mão no meu ombro.

— Você não entende, pai. Eles são o *meu* time — eu dizia, entre lágrimas.

— Como assim, o *seu* time? Não são nossos parentes, certo? Não, eles são um bando de estranhos. Você só os viu uma vez, quando seu irmão Abe levou você a um jogo. Eu insisto: ninguém morreu, o aluguel está pago e todo mundo com saúde, graças a Deus.

Em geral, a essa altura minha mãe levantava para preparar o café da manhã da família.

— Deixe ele, Sam, isso passa. Hoje é por causa dos Dodgers; amanhã vai ser por outro motivo — dizia ela, que pronunciava "Doitches", como "alemão" em iídiche.

Mas, ao contrário do que minha mãe previu, aquilo só passou quando eu tinha 21 anos, e outras coisas exigiram minha fidelidade e paixão: garotas, as atividades do sindicato, o jornalismo.

Até ter uma visão das coisas e finalmente concluir que "aquilo era só um jogo", sofri muito, ah!, como sofri. Meu amado time do Brooklyn Bums, como era carinhosamente chamado, perdia mais do que ganhava. No meio de uma sequência de derrotas dos Dodgers, eu me perguntava por que Deus, em Sua infinita sabedoria, não me fizera torcedor dos Yankees.

Meu pai mudou-se para Los Angeles em 1946 e, enquanto minha mãe enfrentava lapsos de memória durante a onda de calor que atingiu a cidade ao final do verão de 1955, ele foi de avião para Nova York, com a desculpa de participar da festa de 85 anos do pai, mas, na verdade, para assistir a World Series e, mais exatamente, ver os Dodgers finalmente vencerem os Yankees e, mais exatamente ainda, ver Jackie Robinson roubar a base na cara de Yogi Berra. Tenho as fotos que meu pai fez da tribuna da imprensa no estádio Yankee. Repare nos chapéus de aba larga que os homens usavam.

Na mitologia da nossa família, essa viagem de meu pai sempre foi pintada nas cores mais sombrias; mesmo assim, quando eu era menino, a primeira coisa que fazia de manhã também era olhar o resultado dos jogos, e se os Dodgers tivessem perdido, chorava copiosamente sobre o cereal do café da manhã. Lembro-me de ter riscado a cara do jogador Ron Perranoski no meu cartão de beisebol quando ele não conseguiu manter uma grande vantagem na nona entrada, e de ter me debruçado sobre a tevê do meu avô quando mostrou o *fielder* do Dodger, o jogador que intercepta a bola, Ron Fairly, ceder um *home run* quando errou ao tentar pegar uma bola fácil que passou por cima do muro baixo, à direita do campo. Foi uma espécie de sátira à personagem Ofélia, de Shakespeare, após o fiasco do campeonato de 1966, num jogo contra os Orioles. Como explicar nossa obsessão pelos Dodgers? Na semana seguinte à da visita pelo Dia dos Pais, recebi uma carta de meu pai, que dizia: "Acho o seguinte: eu queria que o Dodgers compensasse alguns dos fracassos na minha carreira. Se eu não estava vencendo a batalha no jornalismo, na organização do sindicato ou no que fosse na minha vida totalmente anárquica e sem planejamento, então os meus substitutos, isto é, os nove rapazes de uniforme azul, podiam vencer os Giants, os Pirates etc. Não faz sentido? Talvez não. Mas eu acho que faz. Para mim. Não para você."

Ah, no meu caso, não. Nunca.

Embora o estádio Kingdome (mais tarde demolido) vendesse comida ruim até para os padrões de um estádio de beisebol, resolvemos ficar na fila do balcão, não por estarmos com muita fome, mas porque precisávamos fazer alguma coisa enquanto os torcedores agitavam-se nas arquibancadas. Meu pai e eu compramos cachorro-quente, cerveja, e dividimos um saquinho de amendoim; o preço foi incrivelmente caro para uma refeição que ele disse ter o quociente nutricional de uma sacola plástica. Para surpresa dele, completei aquele jantar indigesto com um achocolatado de cor quase roxa e gosto amargo como café. Voltamos para os nossos lugares. Os torcedores continuavam levantando e abaixando, ou talvez fosse uma nova onda.

Sessenta anos antes, meu pai colaborou na seção de esportes do *New York Journal-American* e, naquele dia, cobria para um semanário suburbano os jogos da Little League, Pony League e Colt League, de softbol masculino e feminino. Três dias antes de vir nos visitar ele tentava fotografar um jogador da Little League tomando a terceira base quando a bola veio em cima do tornozelo dele e rompeu três vasos sanguíneos. Ele se orgulhou do tornozelo machucado, que ficou me mostrando, recontando a cena sem parar, numa linguagem de cronista esportivo que era uma mistura de hipérbole com metáfora: "O tornozelo explodiu como um ovo."

Ele sempre me enviava a coluna que tinha no informativo do clube de tênis. A introdução de que mais gostei dizia: "Uma centena de sócios e convidados compareceu ao encontro anual do Tênis Clube e, para cunhar uma frase olvidável, todos e cada um desfrutaram um evento fantástico. (Principalmente Cada Um, que parecia estar no evento mais importante de sua vida.)"

Quando não estou legal, acho muita graça nesse humor estilo Borscht Belt.*

Só para mostrar uma espécie de vaga rebeldia, ficamos sentados quando tocou o Hino Nacional, e na sétima entrada não nos levantamos nem esticamos os braços com os demais torcedores, embora eu não conseguisse deixar de ver o telão eletrônico com imagens das pessoas se levantando e se esticando. Todos os 15 mil presentes no Kingdome também olhavam para o telão, esperando saber se eram bastante lindos para serem mostrados, pois, sem exceção, as imagens eram bem no estilo Pacífico-Noroeste: bebês sonolentos com bonés dos Mariners, avôs animados, casais se beijando. Quando as pessoas apareciam no telão, apontavam para lá, depois apontavam para elas apontando para o telão, depois todo mundo apontava para elas apontando para si mesmas apontando-se na tela. Continuei olhando o telão, esperando minha vez de apontar para mim me apontando, então olhei para meu pai, que não estava dando nem um pouco de atenção à tela. Acertava a tabela dele. Não queria mais ser elevado a um patamar celestial — queria só comer morangos com creme em Wimbledon no verão em que completaria 80 anos. (Ele nunca foi.)

"Presley, Martinez e Vizquel atacando pelos Mariners", disse ele, e fomos para a segunda parte da sétima entrada.

* Hotel de lazer frequentado principalmente por judeus, perto de Nova York. (*N. da T.*)

Meninos contra meninas (iv)

Entre os 55 e os 64 anos, os homens têm o dobro de possibilidade das mulheres de morrer num desastre de carro, e o quádruplo de cometer suicídio. Perder o emprego, separar-se de minha mãe, lutar contra a depressão — todos esses motivos faziam meu pai, às vezes, ameaçar ir de carro até a ponte Golden Gate e se jogar de lá, mas a ameaça nunca pareceu sincera: ele é uma máquina de sobrevivência.

Entre os 35 e os 54 anos, a média de homens e mulheres é igual, mas depois os números favorecem bem mais as mulheres. Em 1990, as mulheres eram menos da metade das pessoas de 30 anos, mas 80% das que tinham 100 anos. Hoje, 90% dos centenários são mulheres. Será que meu pai vai chegar aos 100 anos? Ele quer muito.

Os homens têm níveis de testosterona bem mais altos que as mulheres, o que os torna mais suscetíveis a doenças cardiovasculares — o principal motivo para eles não viverem tanto quanto elas. A testosterona também afeta o sistema imunológico e os faz contrair mais infecções. Mulheres na pré-menopausa têm menos 20% de sangue no corpo do que os homens e, consequentemente, menor quantidade de ferro. Os íons de ferro provocam a formação de "radicais livres", moléculas formadas durante o metabolismo da alimentação que podem prejudicar o corpo. Uma quantidade mais baixa de ferro causa menos envelhecimento, menos problemas cardiovasculares e outras doenças relacionadas com a idade das quais os radicais livres participam. A testosterona é a causa do pico de mortalidade masculina na puberdade: ela deflagra os atos destrutivos e autodestrutivos dos rapazes e aumenta os níveis de sangue LDL (colesterol "ruim") e reduz os de HDL (colesterol "bom"), fazendo com que os homens sejam mais propensos a doenças cardíacas e a derrames cerebrais. O estrogênio tem o efeito exatamente inverso, além de ser um antioxidante, o que neutraliza os radicais livres.

No reino animal, as espécies têm as mesmas diferenças de duração da vida entre os sexos: as fêmeas quase sempre vivem mais que os machos, com poucas exceções (os *hamsters*, os porquinhos-da-índia e os lobos, por exemplo). A longevidade da fêmea é mais importante, sob a perspectiva evolutiva, que a dos machos. Num mamífero, a contribuição do macho para a criação do filhote costuma ser bem menor que a da fêmea (o papel de meu pai não foi o de cuidar, mas o de ser cuidado). Sem a mãe, o filhote provavelmente morrerá. Cachalotes fêmeas vivem 30 anos mais que os machos. Com relação às orcas, a diferença é de 20 anos. Se um filhote macho sobrevive ao primeiro ano, pode chegar aos 30 anos, enquanto uma fêmea pode chegar aos 50. O máximo a que orcas fêmeas podem chegar é 70 ou 80 anos, caso não vivam em cativeiro; os machos, a 50 ou 60 anos.

O tempo de vida de uma espécie está relacionado com o tempo durante o qual o filhote depende dos adultos. A necessidade de longevidade da mulher no ciclo reprodutivo determinou a duração da vida humana. Quanto mais uma mulher vive e quanto mais lentamente envelhece, maiores são as possibilidades de ter mais filhos e de cuidar deles até a idade adulta. Já a capacidade reprodutiva dos homens fica limitada, principalmente, pelo acesso às mulheres. Os homens são mais fortes, mais altos, mais rápidos e têm menos possibilidade de ficar acima do peso que as mulheres — os idosos têm 20% mais capacidade respiratória que as idosas, mas, como grupo, as mulheres vivem mais. Nos Estados Unidos, as recém-nascidas têm mais 7,7 anos de expectativa de vida que os recém-nascidos. Aos 65 anos, a diferença de expectativa de vida entre homens e mulheres é de 4,4 anos; aos 75, de 2,9; aos 85, de 1,4. Os homens mais vulneráveis são mais rapidamente eliminados da população idosa que as mulheres. Quem, senão meu pai, teria sobrevivido àquele terceiro trilho?

Na América Latina e no Caribe a expectativa de vida para as mulheres é de 72 anos; para os homens, de 65. Na Europa, é de 76 para as mulheres e de 67 para os homens. No Oriente Médio, os números são 71 e 67; na África, 52 e 50; na Ásia, 66 e 63 anos. A expectativa de vida masculina é maior que a feminina apenas em países como Bangladesh, Índia e Paquistão, onde são práticas comuns o infanticídio de meninas e o atear fogo a noivas em disputas pelo dote conjugal.

As mulheres têm mais problemas crônicos não fatais (artrite, osteoporose e doenças autoimunes), mas os homens têm problemas mais letais, como doenças cardíacas e câncer. Em qualquer idade, as mulheres têm olfato melhor que o dos homens. (Quando perguntaram a um grupo de mulheres o que elas mais lembravam quando pensavam nas mães, quase todas associaram a mãe a determinado cheiro.) A capacidade de identificar odores diminui mais cedo e mais depressa nos homens que nas mulheres. A epilepsia ataca homens e mulheres em números parecidos, mas mata 30% mais homens. Mulheres com as mesmas doenças infecciosas que os homens morrem muito menos. Nos fumantes de ambos os sexos, as mulheres são mais resistentes ao câncer de pulmão e a doenças do coração. Comparado ao das mulheres, o índice metabólico dos homens é mais alto, o que reduz o tempo de vida deles. (Segundo o médico, meu pai tem o coração de um homem de 70 anos.) A relação entre o peso do cérebro e o do corpo é maior nas mulheres, o que aumenta a longevidade delas. O geneticista inglês Steve Jones acredita que os machos das espécies — devido ao tempo de vida mais curto, ao declínio da quantidade de espermatozoides e à decrepitude do cromossomo Y — podem estar condenados à extinção daqui a 10 milhões de anos. A tese de Jones não é totalmente aceita; mesmo assim, como disse o ator Jack Nicholson: "Elas são mais espertas e mais fortes do que nós, e jogam sujo."

Desde, pelo menos, o século XVI, as mulheres vivem mais que os homens. De 1751 a 1790, na Suécia, a expectativa média de vida ao nascer era de 36 anos para as mulheres e 33 para os homens. Mas só nos últimos 100 anos ficou claro que a expectativa de vida das mulheres é maior que a dos homens; até então, tantas mulheres morriam de parto que, como grupo, sua expectativa de vida era quase igual à dos homens. Na África Ocidental, as mulheres ainda morrem mais de problemas ligados à gravidez que de todas as causas violentas. Nos países em desenvolvimento, o risco de morrer devido à gravidez é de um caso em 32; nos países desenvolvidos, é de um em 7 mil casos. Todos os anos, mais de meio milhão de mulheres morrem na gravidez ou durante o parto; 10 milhões sofrem ferimentos, infecção ou alguma deficiência. A partir de 1900, a expectativa de vida das mulheres aumentou 71% (e 66% para os homens); porém, nos últimos 20 anos triplicou a morte de mulheres por câncer de pulmão. Como hoje existem mais mulheres que fumam, bebem e trabalham fora, houve enorme desaceleração na expectativa de vida delas. Nos Estados Unidos, hoje, é de 80 anos para elas e de 75 para eles, e a diferença está diminuindo rapidamente. À medida que as mulheres passam a viver mais como os homens, passam também a viver menos.

Crônica de uma morte anunciada

Quando estamos morrendo, nosso sangue fica muito ácido, o que causa espasmos musculares. O protoplasma está comprometido demais, para manter a vida por mais tempo. Podemos arfar e gemer bastante, e, às vezes, os músculos da laringe apertam, emitindo uma espécie de ganido. O peito e os ombros contraem-se uma ou duas vezes numa pequena convulsão. Os olhos ficam encovados, porque a forma esférica das órbitas depende do sangue, que não está mais circulando ali. Quando morremos, ao contrário do que diz a lenda, não perdemos 21 gramas de peso; se os seres humanos têm alma, ela não pesa.

Em casos sérios, tais como o de um trauma grave, o momento exato em que alguém é considerado morto depende do lugar onde morre. Nos Estados Unidos, alguns estados usam a atividade cerebral como único critério para avaliar se alguém morreu; em outros, é a atividade cardíaca e respiratória. Na França, o cérebro precisa estar inativo há 48 horas. Na antiga União Soviética, o aparelho que monitorava os pacientes precisava não registrar batimento cardíaco nem atividade cerebral durante cinco minutos. Segundo o Dr. Henry Beecher: "Seja qual for o nível de atividade cerebral que considerarmos, trata-se de uma decisão arbitrária." Os médicos são particularmente mais apreensivos a respeito da morte do que as pessoas de qualquer outra profissão.

Para homens e mulheres entre os 50 e os 59 anos, o índice de morte é 56% menor do que para a população em geral, pois pessoas nessa faixa etária estão ocupadas demais para morrer.

Um estudo com mil jogadores das Grandes Ligas de Beisebol em atividade de 1876 a 1973 registrou índice de mortalidade 25% menor do que o dos homens em geral. Um estudo de 1986 realizado com 17 mil diplomados de Harvard entre 34 e 74 anos concluiu que o índice de mortalidade diminuiu à medida que os gastos energéticos aumentavam até 3.500 calorias por semana; acima disso, os índices de mortalidade aumentaram pouco. (Nadar vigorosamente durante uma hora queima cerca de 500 calorias.)

As doenças cardiovasculares matam de 40% a 50% dos habitantes de países desenvolvidos. O câncer mata de 30% a 40%; os acidentes de carro matam 2% e outros tipos de acidentes também 2%. Quando meus pais se separaram e meu pai andava misturando antidepressivos com álcool, ele enfiou o carro num caminhão de lixo. (Acidente? Proposital? Nunca houve explicação.) O carro ficou destruído, mas ele saiu ileso como o coelhinho-mascote das pilhas Energizer. Nos Estados Unidos, as doenças cardíacas matam uma em cada 40 pessoas de 65 a 69 anos; uma em cada 27 pessoas de 70 a 74 anos; uma em cada 11 de 80 a 84 anos e uma em cada sete de 85 anos ou mais. Em 1949, a metade dos americanos morria no hospital; em 1958, 61%; em 1977, 70%, e hoje, 80%. O choque séptico (pressão sanguínea extremamente baixa, em função de grave infecção num órgão vital) é a principal causa de morte nas Unidades de Tratamento Intensivo (UTI) norte-americanas: de 100 mil a 200 mil mortes por ano. Só 36% dos norte-americanos fazem testamento. Nos Estados Unidos, os idosos brancos cometem suicídio numa média cinco vezes maior que a nacional. Um em cada cinco médicos recebe um pedido de suicídio assistido, e 10% aceitam.

No período paleolítico, a metade dos bebês morria antes de completar 1 ano, e as mães, em geral, morriam de parto. Nos últimos 130 mil anos, a expectativa de vida para homens e mulheres era de 20 anos, ou menos. A grande maioria das pessoas morria cedo devido a doenças infecciosas ou parasitárias. No século II d.C. a média de vida era de 25 anos, e pelo menos um terço dos bebês morria antes de 1 ano. Há dois séculos, a média de vida da mulher norte-americana era de 35 anos; há um século, era de 48 anos; e hoje é de 80, o maior e mais rápido avanço que já houve.

Em 1900, 75% dos norte-americanos morriam antes dos 65 anos; hoje, 70% morrem após essa idade. De 1900 a 1960, a expectativa de vida para um norte-americano de 65 anos aumentou 2,4 anos; de 1960 a 1990, aumentou três anos. Na Inglaterra de 1815, a expectativa de vida ao nascer era de 39 anos. Na Europa medieval, essa expectativa era de 33 anos, quase a mesma de hoje para os nascidos nos países menos desenvolvidos.

Hoje, o conceito de muito velho é o mesmo que se tinha na Antiguidade: no século VI a.C., Pitágoras chegou aos 91 anos. Heráclito de Éfeso morreu aos 96 anos. O orador ateniense Isócrates morreu aos 98. A perspectiva de vida aumentou a partir da Revolução Industrial, sobretudo devido à diminuição da mortalidade infantil. Na Suécia da década de 1860, as pessoas mais velhas chegavam aos 106 anos, mais ou menos. Na década de 1990, aos 108, aproximadamente.

Nos países desenvolvidos, uma em cada 10 mil pessoas vive mais de 100 anos. Em 1990, havia 37 mil centenários nos Estados Unidos; hoje, há cerca de 70 mil. A maioria é mulher, branca, viúva, tem educação básica, mora em instituições para idosos e é de ascendência europeia ocidental. Noventa por cento dos centenários norte-americanos têm renda anual de menos de 5 mil dólares (sem contar tíquetes-refeição, contribuição dada pelo governo para as casas de idosos e ajuda da família e dos amigos). Esses idosos costumam dizer que nunca tiveram dinheiro para adquirir maus hábitos. Sob vários aspectos, isso vale para o meu pai: ele nasceu relativamente pobre, nossa família mal conseguia acertar as contas no final do mês e hoje ele tem uma vida espartana, com renda fixa.

Ao completar 100 anos (morreu cinco dias depois) o músico e compositor Eubie Blake disse: "Os médicos sempre perguntam como consegui viver tanto. Respondo que se soubesse que ia viver esse tempo todo teria me cuidado mais."

"Quem quer fazer 100 anos?", perguntou o escritor Henry Miller, que morreu aos 89. (Vejo meu pai levantando o braço e acenando, ali na terceira fila.) "Qual é a graça? Uma vida curta e feliz é muito melhor que uma vida longa fundada no medo, na precaução e na vigilância médica eterna."

Já o cineasta Woody Allen declarou: "Não quero ser imortal graças ao meu trabalho. Quero ser imortal por não morrer. Não quero viver no coração dos meus compatriotas. Prefiro viver no meu apartamento."

Mais uma piada, cortesia do Dr. Herring:

Um padre, um pastor e um rabino comentam o que gostariam que as pessoas dissessem quando seus corpos estivessem dentro do caixão, no velório.

O padre diz: — Gostaria que dissessem que fui um homem direito, honesto e generoso.

O pastor: — Queria que dissessem que fui gentil, alegre e bom para meus fiéis.

O rabino: — Queria que alguém dissesse: "Olha lá, ele está se mexendo!"

Oitenta e oito por cento dos norte-americanos consideram a religião importante; 82% acreditam que a oração pode curar. Noventa e seis por cento acreditam em Deus, ou em algum tipo de consciência universal; 72% acreditam em anjos; 65%, no demônio. Numa pesquisa feita com 3 mil homens e mulheres norte-americanos acima de 65 anos, os que frequentavam a igreja tinham metade da chance de sofrer derrames cerebrais dos que nunca ou quase nunca participavam de serviços religiosos. Em outra pesquisa, com quase mil norte-americanos de ambos os sexos que estavam numa unidade de cuidados coronarianos, aqueles que receberam orações feitas por outras pessoas ficaram melhor do que os que não as receberam, e tiveram menos probabilidade de precisar de antibióticos. Numa pesquisa com 92 mil homens e mulheres norte-americanos, os que iam à igreja mais de uma vez por semana tinham muito menos chance de ter certas doenças do que os que iam apenas de vez em quando. Num período de cinco anos, o índice de mortalidade por doenças cardíacas era o dobro entre os que não iam à igreja com frequência, em relação aos que iam. Num período de três anos, os que raramente frequentavam a igreja tinham o dobro de possibilidade de morrer de enfisema e o quádruplo de morrer de cirrose hepática, se comparados com os que sempre iam à igreja. Numa pesquisa com 230 idosos americanos de ambos os sexos que tinham acabado de fazer cirurgia cardíaca, os que disseram receber força e consolo na prática de uma religião tinham três vezes mais chance de sobreviver do que os que não eram religiosos.

Meu pai estudou na escola hebraica Four Kashas (Quatro Perguntas), e por isso não tinha dificuldade para ler os textos hebraicos e traduzi-los quando meu avô pedia, no Seder da Páscoa, para recitar as quatro perguntas: Por que esta noite é diferente de todas as outras do ano? Nas outras, comemos pão fermentado ou não fermentado; por que nesta noite comemos só do não fermentado? Nas outras, comemos ervas e outras comidas amargas, por que nesta noite só comemos ervas amargas? Nas outras noites, comemos reclinados ou sentados em cadeiras: por que nesta noite só comemos reclinados? Meu pai, caçula de quatro filhos homens, era o que mais entendia hebraico e, como ele diz, "desfrutava o sol da aprovação de meu pai. Eu, o presunto kosher, sentia cada grama de satisfação pessoal." O Bar Mitzvah dele foi na sinagoga da avenida Pensilvânia, onde fez um pequeno discurso agradecendo por chegar à idade adulta religiosa. Mas, como pouco antes ele tinha ficado órfão de mãe, que faleceu aos 49 anos deixando marido e seis filhos, a cerimônia foi mais sombria que festiva. (No enterro dela, o caixão seguiu pelas ruas numa carroça puxada por cavalo, e meu pai se lembra de ter ficado muito sem graça com a demonstração de tristeza de meu avô, que soluçava e batia no caixão.)

Alguns anos depois, meu pai foi apresentado ao socialismo por meu avô. Então, deixou de acreditar em Deus e passou a ser, como ele diz, "devoto do ateísmo" pelo resto da vida. Nos últimos tempos, entretanto, prefere se dizer agnóstico. "É tudo muito misterioso, Dave." Ele também não consegue dizer "quando eu morrer". Prefere dizer: "Se e quando chegar a hora..." O resto da frase é toda resmungada, uma fuga eufemística.

Segundo o escritor Cormac McCarthy: "A morte é o assunto mais importante do mundo. Para você, para mim, para todos nós. É, e pronto. É muito estranho não conseguir falar sobre isso."

O presidente francês Charles de Gaulle disse: "Os cemitérios do mundo estão cheios de homens indispensáveis." Essa é uma das frases preferidas de meu pai e minha. É uma espécie de consolo: todo mundo tenta, ninguém ganha, todo mundo morre.

O poeta latino Propércio disse: "Entre os mortos, há milhares de mulheres lindas."

E o também poeta latino Juvenal disse: "Se pusermos numa balança as cinzas de Alexandre, o Grande, e as do bêbado da aldeia, o peso será o mesmo."

O filósofo Schopenhauer disse: "Somos ovelhas a caminho do matadouro."

Aos 51 anos, o compositor Tchaikovsky disse: "Estou envelhecendo rapidamente, estou cansado da vida, anseio por quietude e uma pausa de todas essas vaidades, emoções, frustrações etc. etc. É natural que um velho pense na perspectiva de um buraco sujo chamado sepultura."

Freud disse: "O que está vivo, quer morrer de novo. Vindo do pó, quer voltar ao pó. Temos a pulsão de vida e a pulsão de morte."

Em 44 a.C. o orador Cícero disse: "Ninguém é tão velho que não ache que pode viver mais um ano." Ele morreu no ano seguinte. No leito de morte, o escritor William Saroyan disse: "Todo mundo morre, mas sempre achei que seria feita uma exceção em meu caso." E Edward Young escreveu: "As pessoas acham que todo mundo é mortal, menos elas." O antigo épico indiano *Mahabharata* pergunta: "De todas as maravilhas do mundo, qual a maior? Que nenhum homem, apesar de ver os outros morrendo perto dele, acredita que ele vá morrer."

Quando meu pai teve um ataque cardíaco, aos 86 anos, escreveu em sua coluna do informativo no clube de tênis do condomínio:

Eu estava fazendo o mesmo que em todos os feriados do Memorial Day* de que me lembro: jogando tênis. Era um dia perfeito, de cartão-postal. Fazia agradáveis 24 graus, com uma brisa leve. Eu me sentia um tigre. Era apenas mais um dia no paraíso.

Meu parceiro, George Tripodes, e eu fazíamos dupla contra Jim Black e Harry Langdon, velhos amigos e rivais. Vencemos o primeiro set com dificuldade, por 10 a 8, e estávamos ganhando o segundo por 4 a 3. Era minha vez de sacar. Rápido, consegui fazer 40 a zero. Andei do lado direito para o esquerdo da quadra, onde esperava fazer 5 a 3, quando, de repente, foi como se um elefante colocasse uma pata enorme no meu peito (sei que é uma descrição comum, mas foi exatamente o que senti). Parei alguns segundos, pensando: "O que é *isso*?" Não parecia com nada que eu tivesse sentido nos meus 86 anos no planeta Terra. Era, como saberia uma hora depois, um ataque cardíaco relativamente leve, é verdade, mas um bom ataque cardíaco.

Eu não iria permitir que um ataquezinho daquele me impedisse de confirmar meu serviço ou de terminar o set. George se aproximou, quando me preparava para o saque, e perguntou se eu estava bem.

— Você está meio pálido, Milt — disse ele.

— Não tem problema — garanti, acrescentando o pedido de que ele cobrisse a direita da quadra, porque eu pretendia (apesar do ataque cardíaco) arremessar a bola no canto extremo direito da quadra adversária.

E foi exatamente o que fiz, provocando uma fraca reação, que nos levou a 5 a 3, ficando a um *game* de vencermos o set e o jogo. Nossos adversários fizeram 5 a 4, e era a vez de

* Dia em homenagem aos soldados norte-americanos mortos em guerras. (*N. da T.*)

George sacar. Foi duro vencer o sexto e último *game*, e finalmente conseguimos, após duas longas séries de rebatidas. Não ajudei muito meu parceiro naquele final, mas não deixei que percebessem que eu estava "meio estranho".

No final do set, eu não quis cumprimentar Jim e Harry. Peguei minha sacola de tênis, o agasalho esportivo e voltei para meu prédio, a uns 100 metros da quadra. Devagar, consegui chegar ao meu apartamento e joguei um pouco de água fria no rosto. Depois, bati na porta da vizinha Mary Steiner, uma enfermeira aposentada. Mary tomou meu pulso, conferiu meu batimento cardíaco e chamou uma ambulância na hora.

— Você teve um ataque cardíaco, Milt — disse ela muito profissionalmente, sem deixar qualquer dúvida.

Vinte minutos depois eu estava a caminho do Hospital Península, onde os médicos confirmaram o diagnóstico que ela fizera. Fui anestesiado na hora e fiz uma angioplastia (o tratamento com "balão"), abrindo uma das artérias, que estava entupida.

Acordei aproximadamente duas horas depois, sentindo-me (acredite se quiser) completamente ótimo: retiraram um grande peso do meu peito.

No final da tarde, o cardiologista, Dr. George Cohen, apareceu para me explicar o que tinha acontecido e dizer que tinha feito uma angioplastia, para diminuir a pressão. E perguntou:

— É verdade que você continuou a jogar dez minutos depois daquele primeiro e grande baque? Como conseguiu, diabos?

— Não sei, doutor. Eu tinha de terminar o set e o jogo. Aqueles dois adversários tinham nos vencido muitas vezes, e eu precisava equilibrar a coisa — expliquei.

— Você é demais — disse o Dr. Cohen.

Dois dias depois, recebi alta, e em três semanas estava de volta às quadras — só um pouco pior do que no dia de minha provação no Memorial Day.

Alguém aí quer jogar tênis?

A MORTE É A MÃE DA BELEZA

Meu pai e eu não conseguíamos dormir. Finalmente havíamos aprendido a usar o controle remoto da tevê nova. O aparelho tinha sido presente meu e de minha irmã pelos 95 anos dele. Às duas da manhã, vimos na tela:

No canal 2, um detetive de cinema volta à cena do assassinato.

No canal 4, Retin-A aplicava tretinoína por meio do sistema Microsponge.

No canal 7, universitárias de férias em Cancún tiravam as camisetas.

No canal 8, uma reencenação da Guerra Civil.

No canal 10, Bobby Abreu vencia o Home Run Derby.

No canal 11, Double D Dolls participam de uma luta na lama.

No canal 12, um palestrante universitário explicava a lei da gravidade.

No canal 13, brilhava o bracelete da Fé, Saúde e Prosperidade.

No canal 17, uma mulher exercitava a perna.

No canal 20, mostravam aparelhos para fazer balas e sorvetes.

No canal 22, sobremesas sem gordura eram tão gostosas quanto as comuns.

No canal 24, 79 pessoas morreram num desastre aéreo; um bebê foi o único sobrevivente.

No canal 29, Hércules atirava longe uma pedra enorme.

No canal 30, a Miss Adolescente Americana era coroada.

No canal 33, você pode exercitar seu abdome de modo inteligente gastando apenas dois minutos por dia.

No canal 36, os programas da Dra. Ellen, "Acenda o Fogo Dele" e "Acenda o Fogo Dela", ajudavam seu casamento ao aumentar sua energia.

No canal 38, uma mulher cuja filha adolescente morrera num acidente de carro encontrava consolo no amor de Deus.

No canal 41, o corpo de uma pessoa assassinada era necropsiado.

No canal 42, o sistema CrossBow oferecia resistência dupla.

No canal 47, o creme dental Aquafresh tirava manchas dos dentes.

No canal 49, os Centros de Oncologia dos Estados Unidos ajudavam você a usar sua força para lutar contra o câncer e vencê-lo.

No canal 55, duas louras peitudas explicavam a um careca magro por que o tamanho era importante.

No canal 59, o programa "Emagreça em Seis Etapas" ajudava você a perder 10 quilos em seis semanas.

No canal 63, o Multiprocessador Ultimate Chopper era o melhor para economizar tempo.

No canal 64, o creme Esteem, do sistema Naomi Judd, reduzia rugas, vincos e manchas na pele.

No canal 72, um treinador em estado terminal recebia o Prêmio Arthur Ashe e aconselhava o público a nunca desistir.

No canal 77, uma mulher era penetrada por trás enquanto praticava felação em outro homem.

No canal 80, o Coquetel da Juventude melhorava e clareava a memória, além de proporcionar juntas mais flexíveis.

No canal 84, dois grandalhões competiam empurrando uma bola de ferro com corrente até a linha de chegada.

No canal 85, um homem-bomba se suicidava, matando dois civis e dois soldados americanos em Ramadi.

No canal 87, o Hair Color for Men acabava com os cabelos grisalhos.

No canal 89, com vida longa, você iria agradar a Ele e mostrar a Ele sua salvação.

No canal 90, você podia ter um tratamento de beleza renovador.

No canal 95, celebridades de Hollywood pagavam 24 mil dólares pelo programa Mari Winsor de esculpir o corpo.

No canal 99, terminava um filme de horror, com a brisa noturna soprando numa cortina branca.

Do canal 2 ao 99, procuramos em vão a cura para o fato de que um dia iríamos morrer.

A VIDA É QUE DÁ SENTIDO À VIDA

O escritor André Gide anotou em seu diário: "Todos os dias, o dia inteiro, eu me pergunto (ou melhor, a pergunta me pergunta): será que vou achar difícil morrer? Não creio que a morte seja especialmente difícil para os que amam a vida. Pelo contrário."

A poeta Elizabeth Barrett Browning escreveu: "O conhecimento se adquire com o sofrimento, e a vida se aperfeiçoa com a morte."

Minha mãe escreveu no diário que manteve no último ano de vida: "Garanto uma coisa: não quero viver se não puder agir, decidir e cuidar de mim. Espero que, se chegar a esse ponto, tenha coragem de me matar. Tenho certeza de que a vida é um dom muito precioso e de que devemos sempre preferir a vida, mas, para mim, vida é ser capaz de agir. Talvez, com o tempo, eu consiga expressar isso melhor e com mais clareza." Meu pai cita sempre esse trecho do diário e balança a cabeça, surpreso, confuso e, de certa forma, penalizado.

Em *Lament for the Makers* [Elegia para os Criadores], o poeta medieval William Dunbar escreveu, em latim: "*Timor mortis conturbat me*" — o medo da morte me incomoda.

Aos 9 anos, eu acordava tremendo e passava a noite inteira sentado de pernas cruzadas no patamar da escada que levava ao meu quarto no porão, sem conseguir compreender que um dia eu iria morrer. Lembro que fiquei impressionado com a tatuagem que um vizinho fez, de uma caveira com a frase embaixo: "Eu sou você amanhã."

A romancista Simone de Beauvoir escreveu: "Desde que soube que eu era mortal, achei a morte assustadora. Mesmo quando tudo estava em paz e minha felicidade parecia garantida, minha cabeça de 15 anos de idade muitas vezes mudava ao pensar naquele não ser total — o *meu* não ser total —, que iria ocorrer num determinado dia, para sempre. Essa aniquilação me deixava tão horrorizada que eu não conseguia encará-la friamente. O que as pessoas chamavam de coragem eu achava apenas uma idiotice cega."

O filósofo Rousseau disse: "Quem diz não ter medo da morte está mentindo."

O narrador do conto "A escola", de Donald Barthelme, professor de escola primária, conta:

> Um dia, tivemos uma discussão em aula. Eles me perguntaram: para onde foram as árvores, a salamandra, o peixe tropical, Edgar, os pais e as mães, Matthew e Tony, para onde foram? Respondi: não sei, não sei. Eles insistiram: quem sabe? Respondi: ninguém sabe. E eles perguntaram: a morte dá sentido à vida? Respondi: não, a vida é que dá sentido à vida. Eles então disseram: mas a morte, tomada

como um fato inevitável, não é o meio pelo qual a banalidade cotidiana pode transcender na direção de...
Eu disse: é, pode ser.
Eles disseram: não gostamos.

Meu pai me pediu que pesquisasse a possibilidade e a plausibilidade da "suspensão criônica". Ele aceita morrer, mas não para sempre.

Sonhos na cesta de basquete (ix):

Meu avô, o pai de meu pai, Samuel, era representante do Sindicato da Indústria Têxtil no Congresso das Organizações Industriais (CIO), em Westchester. Acordava às cinco e meia, tomava uma xícara de chá com torrada, dava uma olhada no jornal e pegava o metrô às seis horas. Ele intermediava as reclamações e as negociações dos operários com os patrões. Jantava rapidamente e saía correndo para o segundo emprego: investigador do Sindicato do Crédito Estrela do Oriente, que ajudou a fundar no bairro. A princípio, esse sindicato concedia pequenos empréstimos de 50 e 100 dólares a seus associados, quase todos imigrantes russos e poloneses recém-chegados. (Meu avô também era imigrante: fugiu para a Inglaterra na década de 1880, pois não queria ser convocado pelo Exército russo, que era notoriamente antissemita e costumava exilar os judeus na Sibéria.) Muitos anos depois, após ser credenciado pela Comissão Bancária do Estado de Nova York, o sindicato emprestava 10 mil dólares. A assinatura de meu avô garantia o empréstimo, caso a dívida não fosse quitada; ele andava quilômetros até chegar a alguns endereços, e meu pai, às vezes, o acompanhava. Samuel voltava para casa à meia-noite, dormia cinco horas e levantava para fazer a longa viagem de metrô até a fábrica. Ele também comprava camisas por atacado e as vendia para amigos com um pequeno lucro. Na adolescência, meu pai o ajudava a arrastar as caixas de camisas pelas ruas do bairro. Quando ficou mais velho e comprou um carro, meu pai o levava pelo Brooklyn para pegar assinaturas nos empréstimos. Meu pai diz: "Não sei de onde ele tirava tanta energia para manter aquele ritmo." Meu pai diz isso.

Sam passava as manhãs de domingo lendo os três jornais em iídiche: *Forward*, *Der Tog* (O Dia) e *Freiheit* (Liberdade). Socialista, apresentou meu pai aos conceitos de "materialismo dialético", "infantilismo da esquerda", "alienação do proletariado" e "meios de produção". Dizia: "Milteleh, não esqueça que, no comunismo, o homem explora o homem, enquanto no capitalismo é o contrário. Por mais palavras bonitas que os presidentes, chefes ou reis usem, quem manda no mundo é o dinheiro. O dinheiro é o mundo." Para dar mais ênfase, repetia a frase em iídiche: "*Geld ist der veldt.*"

Meu avô deu *Dez dias que abalaram o mundo*, o relato de John Reed sobre a Revolução Russa de 1917, para meu pai que o leu várias vezes. Nas aulas de história no secundário, meu pai, às vezes, contestava o que o professor dizia ou os livros omitiam. Quando questionado sobre como aprendeu determinado fato ou ponto de vista, ele respondia, conforme tinha sido instruído: "Soube pelo meu pai, que sabe o que diz."

"Dave, você sabe como a vida dele me influenciou, não é?", meu pai gosta de perguntar. "Ele ajudava os colegas, tinha aquele jeito gentil, mediador. *Ess vett soch oy spressen*, como gostava de dizer. Vai aparecer. Vai resolver. Ele não conseguia lidar com problemas. Deixava-os passar, crescer, apodrecer ou sumir. Você reconhece nele alguma característica ou defeito de seu pai?"

Na noite anterior ao velório de meu avô, meu pai e eu ficamos andando pelo apartamento dele. Eu tinha 7 anos e nunca o conhecera. Os cintos estreitos e as gravatas largas de meu avô estavam dependurados em cabides num armário. Discos clássicos empenados estavam encostados numa parede. A carteira dele e uma máquina Nikon estavam em cima do colchão sem lençol. A caneca de café preferida estava cuidadosamente embrulhada num plástico, assim como uma bola de basquete novinha: meu pai achou que eram presentes para mim que meu avô não enviara, e caiu em prantos.

Como viver para sempre (i)

No ano 1600 a.C. o papiro egípcio *Livro para a transformação de um velho num jovem de vinte anos* indicava uma poção com ervas e partes de animais. Na Grécia Antiga, recomendava-se que os velhos se deitassem com lindas virgens. Na faculdade, quando meu pai vinha me visitar, ele simplesmente ignorava minha namorada e falava da colega de quarto dela, a quem chamava de "jovem muito bonita". Na Idade Média, acreditava-se que a castração proporcionava alguns anos de vida a mais, e era uma prática comum. Os eunucos realmente vivem mais que os homens não castrados. Gatos ou cães esterilizados, machos ou fêmeas, vivem, em geral, dois anos mais que os não esterilizados. No começo do século XVI, o explorador Ponce de León, 55 anos, procurou a Fonte da Juventude porque não conseguia satisfazer a esposa bem mais jovem que ele. No final desse mesmo século, o filósofo e ensaísta político Francis Bacon achava que, se fossem aperfeiçoados os processos de reparação do corpo, ou seja, nossa capacidade de regeneração e cura dos tecidos e de recuperação das doenças, venceríamos o envelhecimento.

No século XIX, o fisiologista francês Charles-Édouard Brown-Séquard retirava e triturava testículos de animais domésticos para extrair substâncias vitais, que depois injetava em idosos, os quais afirmavam ter ficado mais alertas e com mais energia. Quando ele, aos 72 anos, injetou-se esse extrato, garantiu que melhorava o controle da bexiga e dos intestinos. Morreu quatro anos depois. Eugen Steinach, professor de fisiologia na Viena da década de 1920, convenceu idosos de que eles rejuvenesceriam se fizessem vasectomia ou enxerto com testículos de jovens. As clínicas de rejuvenescimento despontaram no mundo inteiro: os cirurgiões criaram tratamentos contra o envelhecimento, inclusive a aplicação de eletricidade nos testículos, além de doses de raios X e rádio nos órgãos sexuais.

Segundo Michael Jazwinski, biólogo molecular da Universidade da Louisiana: "Daqui a 30 anos, provavelmente, teremos isolado os genes mais importantes na determinação da longevidade e teremos chance de dobrar, triplicar ou até quadruplicar a longevidade máxima de hoje, que é de 120 anos. Pode ser que algumas pessoas vivas hoje possam continuar vivas daqui a 400 anos."

O professor de medicina da Universidade Commonwealth da Virgínia, William Regelson, diz: "À medida que aprendemos a controlar os genes do envelhecimento, as possibilidades de prolongar a vida parecem praticamente ilimitadas."

Michael Rose, biólogo evolucionista da Universidade da Califórnia-Irvine, só deixou que contribuíssem para a geração seguinte as moscas-das-frutas que tiveram ovos mais tarde. (É o mesmo que selecionar para serem mães mulheres a partir de 25 anos, e depois só deixar engravidarem as filhas que ficassem férteis após os 26 anos, e assim por diante, por várias gerações.) Com base nesse programa de procriação seletiva, cada geração de mosca-da-fruta passou a viver progressivamente um pouco mais que suas antepassadas. Rose acredita que se uma experiência parecida fosse feita com seres humanos, daqui a dez gerações haveria uma melhora mensurável na expectativa de vida.

As moscas-das-frutas que recebem resveratol, um antioxidante encontrado no vinho tinto, vivem bem mais que as outras. As moléculas existentes no resveratol, chamadas sirtuínas, simulam os efeitos da restrição calórica de prolongamento da vida, retardando o envelhecimento nos mamíferos. As criaturas vivas são programadas para se reproduzir; uma dieta de baixas calorias passa pelo corpo uma mensagem de que as condições não estão perfeitas para a reprodução. Os sistemas de defesa celular entram em ação, e o envelhecimento tarda, preservando o corpo para uma situação melhor e mais favorável à reprodução. A restrição calórica dá início a uma liberação de gordura estocada, que diz ao corpo ser hora de se preparar para a sobrevivência.

A Sociedade de Restrição Calórica tem 2 mil sócios, dos quais 10% cortaram o consumo de calorias em pelo menos 30%. O fator que mais aumenta o tempo de vida (em até 50%) é iniciar uma dieta bem rigorosa quando se é um jovem adulto e mantê-la sempre. Começando na meia-idade e cortando de 10% a 20% das calorias, há menos vantagem. Jejuar de vez em quando e comer normalmente entre os jejuns também aumenta o tempo de vida. Meu pai deveria ter sido membro fundador da Sociedade de Restrição Calórica, com sua tão alardeada, incessante e rigorosa dieta. Ao completar 95 anos, ele foi entrevistado pelo jornal em que trabalhava e destacou quase que exclusivamente a importância de uma disciplina nutricional, com especial atenção aos bolinhos de cereal.

Uma dieta de quase fome reduz muito a incidência da maior parte das doenças relacionadas à idade: tumores e problemas renais, deficiências cerebrais, como o mal de Alzheimer, e problemas degenerativos, como o mal de Parkinson. Ratos com uma dieta 40% menos calórica vivem 30% mais. Macacos com dieta de redução de calorias (30% menos, durante 15 anos) vivem mais e não contraem muitas doenças relacionadas com a idade. Nos seres humanos, as doenças de Parkinson e de Alzheimer estão muito ligadas ao aumento de ingestão de calorias. Pergunto a meu pai: vale a pena cortar de 40% a 50% das calorias para viver mais e se proteger de doenças? Ele considera esta uma pergunta retórica. Observo que uma pessoa pode não comer *cheesecake* durante 20 anos e morrer atropelada por um ônibus aos 57. Citando Damon Runyon (que é um dos heróis de meu pai), "a vida é uma questão de seis contra cinco". Meu pai então diz que faz o que pode para igualar esse placar (e não está brincando).

Por outro lado, uma nova e ampla pesquisa sobre peso e riscos à saúde, feita pelo Centro de Controle e Prevenção de Doenças e pelo Instituto Nacional do Câncer, concluiu que as pessoas muito magras, ou seja, que têm um índice de massa corporal (IMC) abaixo de 18,5 (por exemplo: um homem com 1,82m de altura e 62 quilos, ou uma mulher com 1,70 e 52 quilos), têm o mesmo risco de morte prematura que as pessoas muito gordas. Se adoecem, os muito magros não têm reservas para suprir. Meu pai é magro, mas não demais.

Os vegetarianos tendem a viver mais tempo, com mais saúde do que os carnívoros. A dieta japonesa é rica em legumes e produtos à base de soja e um japonês vive em média três anos mais que um americano ou um inglês. (Um quarto dos legumes consumidos nos Estados Unidos é batata frita.) Os habitantes de Okinawa consomem 80% das calorias do japonês médio, e essa ilha tem o maior número de centenários do mundo (600 pessoas, numa população de 1 milhão e 300 mil), quatro vezes o restante do mundo. A dieta deles contém grande quantidade de alimentos bons para a longevidade, como tofu, algas e peixe. Os óleos de peixe, por exemplo, são ricos em ácidos graxos ômega 3 que, comparados com as gorduras saturadas encontradas nas carnes, não solidificam com tanta facilidade e aderem menos às paredes das artérias. Isso protege contra doenças cardíacas e derrame cerebral. Meu pai gosta de citar a frase do jogador de beisebol Satchel Paige, que ele viu jogar uma vez: "Evite carnes fritas, elas irritam o sangue."

Ao que parece, a dieta dos primeiros humanos continha legumes, frutas, nozes, sementes ou grãos secos e grande quantidade de carne, que era naturalmente magra. Tribos isoladas em partes remotas do mundo ainda têm uma dieta da era paleolítica. Uma pesquisa feita em 2002 sobre dieta, boa forma e doenças comparou 58 sociedades tradicionais com populações industrializadas: caçadores-coletores têm menos doenças cardiovasculares e câncer do que as pessoas que vivem em países "desenvolvidos". Quanto mais diferente da dieta desses caçadores-coletores for a nossa dieta, pior será nossa saúde. A dieta do norte-americano contemporâneo contém o dobro de gordura e um terço das proteínas das dietas das populações indígenas. Quando comemos gordura animal e açúcar refinado, aumentamos o risco de doenças. Quando comemos soja, tomates cozidos e fibras, reduzimos o risco de, respectivamente, câncer de mama, câncer da próstata e de cólon. As principais doenças do mundo industrializado se devem a mudanças na dieta à qual nossos antepassados estavam acostumados.

Há uma ligação direta entre a quantidade de gordura na alimentação e o risco de câncer. A dieta normal do chinês contém menos de 15% de gordura. A do norte-americano contém 39%

de gordura. O chinês médio tem nível 127 de colesterol, enquanto o norte-americano médio tem 212. A China tem índices muito baixos de doenças do coração, câncer de cólon, mama, próstata ou ovário. A pequena quantidade de doenças cardíacas e de cânceres que existe na China concentra-se sobretudo, nas regiões em que as pessoas comem alimentos com maiores quantidades de gordura e colesterol.

Os taoistas criaram dietas que matassem de fome os "demônios" — os Três Vermes — que acreditavam morar no corpo e apressar a morte, causando doenças. A luta contra os demônios consistia em negar a eles grãos, como o trigo e o arroz, que os taoistas acreditavam ser responsáveis por sustentá-los, e comer comidas mágicas, como alcaçuz, canela e ginseng, que os matavam. Outros remédios aceitos eram ervas, raízes, minerais e produtos animais e vegetais, como ovos, tartarugas, pêssegos e partes de árvores.

Quem quiser viver mais deve (além do óbvio: comer menos e perder peso): morar no campo, não levar trabalho para casa, fazer o que gosta, sentir-se bem consigo mesmo, ter um animal de estimação, aprender a relaxar, viver o momento, rir, ouvir música, dormir de seis a sete horas por noite, ter a sorte de ter pais e avós longevos (35% da longevidade deve-se a fatores genéticos), ser casado, abraçar e ficar de mãos dadas, fazer sexo regularmente, ter muitos filhos, relacionar-se bem com a mãe, aceitar os filhos como são, cuidar dos netos, ser bem-educado, estimular o cérebro, aprender coisas novas, ser otimista, canalizar a raiva de forma positiva, não precisar ter sempre razão, não fumar, usar menos sal na comida, comer chocolate de vez em quando, adotar uma dieta mediterrânea com frutas, legumes, azeite, peixe e frango, tomar chá verde e uma quantidade moderada de vinho tinto, fazer exercícios, ter metas, assumir riscos, confiar num amigo, não ter medo de procurar tratamento psicológico, ser voluntário em alguma atividade, ter um papel na co-

munidade, frequentar a igreja, acreditar em Deus. (Placar de meu pai: 38 pontos, em 42.)

Pesquisadores estudaram um grupo que tinha de 66 a 101 anos e que viveu, em média, mais sete anos que os parentes. Uma característica de personalidade se destacou: o parente que viveu mais tinha "mais senso de humor". Meu pai pode, ou pelo menos podia, brincar com palavras (nos últimos anos, ele perdeu quase todo o senso de humor), manter a atenção de um grupo ao narrar um fato e contar piadas melhor que ninguém. Nos anos 1940 e 1950 consta que ele era convidado para as festas mais exclusivas da indústria do cinema em Beverly Hills pelo único motivo de saber contar piadas iídiches. Na média, os casados vivem mais que os solteiros (e uma informação surpreendente: o casamento é mais benéfico para os homens que para as mulheres); os irmãos mais velhos vivem mais que os caçulas; mães vivem mais que mulheres sem filhos (por pequena diferença); pessoas com educação superior vivem seis anos mais que as que largaram a escola no ensino médio; os ganhadores de Oscar vivem mais quatro anos que apenas os indicados para esse prêmio; os diretores executivos de empresas vivem mais que os vice-presidentes; os praticantes de uma religião vivem mais que os ateus; os altos (homens acima de 1,80m e mulheres acima de 1,70m) vivem cerca de três anos mais que os baixos; não fumantes vivem dez anos mais que fumantes; magros vivem sete anos mais que obesos; imigrantes nos Estados Unidos vivem três anos mais que os nativos; os japoneses têm o maior índice de expectativa de vida (82 anos) e os nascidos na República de Zâmbia, o menor (33 anos). Pessoas que chegam aos 100 anos costumam ser positivas, desconfiadas e práticas. O ex-professor da creche de Natalie, hoje gerente de um centro para pessoas com câncer, diz: "São os filhos da puta que se dão bem." Meu pai não é um filho da puta, mas é muito autocentrado (mais que as outras pessoas? Talvez ele apenas não saiba disfarçar), o que não parece ter prejudicado a saúde ou a longevidade dele.

Gavin Polone, 44 anos, produtor e agente de televisão e cinema, trabalha seis dias por semana, 18 horas por dia, e não quis se casar nem ter filhos por considerar ambos aborrecimentos antiquados. Considera os filhos um tumulto imprevisível, que causa "drama pessoal". A namorada dele, Elizabeth Oreck, 43 anos, diz: "As pessoas costumam ter filhos para preencher algum tipo de reflexo distorcido e egocêntrico delas mesmas. A verdade é que nós dois preferimos animais a gente." O casal tem três cachorros e cinco gatos, todos trazidos de abrigos ou recolhidos da rua (as ruas sórdidas de Beverly Hills). Ele acorda às 4h45, tem frequência cardíaca de 48, come 230 gramas de cereal seco, bebe um litro de chá verde frio no café da manhã e sobrevive com 1.800 calorias por dia fornecidas principalmente por pó de proteína e clara de ovo. Mede 1,85m e pesa 72 quilos. Um de seus clientes, Conan O'Brien, conta: "Quando o conheci, Gavin era assistente de um agente. Com o tempo, passou a agente, depois a gerente. Hoje ele é produtor/fisiculturista/piloto de carro de corridas. Daqui a nove semanas acho que vai estar no programa de viagem ao espaço. Acho mesmo. Ele está se transformando numa espécie de superser. Ou num grande vilão, daqueles que James Bond enfrenta. Sempre que falo com ele, imagino-o num telão fazendo exigências à ONU." Por consumir menos alimentos, ele espera diminuir o estresse físico que causa o envelhecimento, aumentando sua vida por tempo indeterminado. Outro cliente dele, o diretor Jon Turteltaub, diz: "Polone acha que, sendo bem magro, vai viver o bastante para a pesquisa das células-tronco avançar e criar novos órgãos para ele, que então poderá viver para sempre."

O Grupo de Pesquisa de Gerontologia (uma organização independente formada por demógrafos, gerontólogos e epidemiologistas que estudam pessoas muito idosas) afirma que há uma barreira invisível nos 115 anos. Existem apenas 12 casos comprovados de pessoas que chegaram a essa idade. Poucos que chegam aos 114 vão até os 115; desde 2001, uma dúzia de pessoas com 114 anos morreu antes dos 115. Neste exato momento, segundo o grupo de pesquisa, existem no mundo 55 mulheres e seis homens com mais de 110 anos. A idade máxima que alguém já atingiu foi 122 anos, completados por uma francesa, em 1997. Por menos que comamos, por mais que façamos exercícios e por mais saudável que seja nossa vida, parece que não podemos viver mais de 125 anos. Em 5 mil anos de história registrada, não houve alteração na idade máxima a que se pode chegar. Lucrécio, que morreu em 55 a.C., escreveu:

O homem, ao viver, percorre
Tantas gerações quanto pode.
Mesmo assim, a morte eterna está à espera
E aquele que morreu à luz de ontem
Não ficará morto mais tempo
Do que quem morreu meses ou anos antes.

Como viver para sempre (ii)

Existem hoje milhares de pessoas no mundo ligadas ao "movimento da longevidade", que acreditam ser possível viver centenas de anos, talvez até para sempre. Quase todos os integrantes do movimento da longevidade são homens (meu pai costuma ter textos deles espalhados pela casa). Como as mulheres têm filhos, parecem estar menos ansiosas pela imortalidade.

Ray Kurzweil, que ganhou a Medalha Nacional de Tecnologia, entrando assim para a Galeria Nacional dos Inventores, escreveu *Fantastic Voyage: Live Long Enough to Live Forever* [Viagem fantástica: viva o bastante para viver para sempre] e participa da discussão sobre inteligência artificial desde que era adolescente, nos anos 1960. Ele acredita que a imortalidade humana está a apenas duas décadas de distância. (Até meu pai admite que não deve estar aqui para ver isso.) Para garantir que vai viver bastante e poder, em primeiro lugar, assistir à revolução biotécnica (quando poderemos controlar como os nossos genes se manifestam e alterá-los) e, em segundo lugar, acompanhar a revolução da nanotecnologia e da inteligência artificial, Kurzweil toma 250 suplementos alimentares, bebe dez copos de água alcalina e dez xícaras de chá verde por dia. Periodicamente, consulta de 40 a 50 indicadores de boa forma física, que atestam inclusive a "sensibilidade táctil". Kurzweil faz meu pai parecer, como ele diria, "um encostado".

Milhões de robôs (nanobôs, do tamanho de células do sangue) manterão as pessoas jovens para sempre, percorrendo o corpo, consertando ossos, músculos, artérias e células do cérebro. Funcionarão como equipes de pavimentação na nossa corrente sanguínea e em nosso cérebro, destruindo as doenças, reconstruindo órgãos e eliminando os limites conhecidos do intelecto humano. Melhorias no código genético serão baixadas da internet. Não precisaremos de coração.

Kurzweil diz: "O processo de envelhecimento envolve apenas 100 genes. Manipulando-os, já se conseguiu estender a vida dos animais mais simples. Não somos mais um animal à mercê da natureza. A evolução biológica passou o bastão do progresso para o desenvolvimento tecnológico e cultural do ser humano." Ele afirma também que todos os nossos 30 mil genes "são pequenos softwares". Seremos capazes de bloquear genes causadores de doenças e poderemos introduzir novos, que atrasariam ou interromperiam o processo de envelhecimento.

"A vida é química. Quando se consegue preservar a química da vida, consegue-se preservar a vida", garante Brian Wowk, médico da 21st Century Medicine.

Aubrey de Grey, geneticista da Universidade de Cambridge, diz: "Em princípio, poderíamos construir uma cópia do cérebro de uma pessoa viva, com todos os seus trilhões de células. Isso seria possível por meio, simplesmente, da manipulação *in vitro* dos neurônios numa rede sináptica previamente escaneada do cérebro."

João Pedro de Magalhães, pesquisador de genética na Escola de Medicina de Harvard, diz: "O envelhecimento é uma doença sexualmente transmitida, que pode ser definida como um número de alterações no corpo que depende do tempo e causa desconforto, dor e, eventualmente, a morte. Talvez nossos netos nasçam sem envelhecer."

Robert Freitas Jr., pesquisador sênior no Instituto para a Produção Molecular, diz: "Fazendo *checkups* e limpezas anuais e alguns consertos maiores, nossa idade biológica poderia ser restaurada uma vez por ano para uma idade fisiológica mais ou menos constante, à nossa escolha. Não vejo motivo para não escolher o auge da juventude, embora querer manter o corpo na idade fisiológica ideal de dez anos possa ser difícil e indesejado por outros motivos. Voltar à robusta fisiologia do final da adolescência ou da primeira parte dos 20 anos seria mais fácil de manter e bem mais divertido." Risos. "Isso empurraria nossa expectativa de vida para algo em torno de 700 a 900 anos. Continuaríamos podendo, eventualmente, morrer de causas acidentais, e ainda assim viveríamos dez vezes mais do que hoje.

"Até onde podemos ir? Se eliminarmos 99% de todas as situações que a medicina pode evitar, que levam à morte natural, a vida saudável aumentaria para cerca de 1.100 anos. Talvez achemos difícil levar mais de um milênio ou dois em nosso corpo biológico original, pois o número de mortes por suicídios ou acidentes continuou estupidamente alto nos últimos 100 anos — caiu apenas um terço. Mas nossa vitória final sobre o flagelo da morte natural, que conseguiremos no final deste século, aumentaria a vida saudável de seres humanos normais em pelo menos dez vezes além do máximo atual."

Será que a vida ficará intoleravelmente monótona, se vivermos alguns milênios? No século I a.C. o enciclopedista romano Plínio, o Velho, escreveu sobre pessoas em épocas anteriores à dele que, exaustas de viver até os 800 anos, pularam no mar.

Meu pai, aos 97 anos, parece profundamente entediado; literalmente, não tem um único interesse ou entusiasmo além da existência perpétua, um dia após o outro e mais outro. No livro *The Body in Pain* [Corpo em sofrimento], Elaine Scarry escreve: "À medida que o corpo vai sucumbindo, torna-se cada vez mais objeto de atenção, usurpando o lugar de tudo, de forma que, em pessoas muito velhas e doentes, o mundo existe apenas num círculo de 60 centímetros ao redor delas: o que se comeu, os problemas de excreção, como estão as dores, o conforto ou o desconforto de determinada cadeira ou cama podem se tornar o único tema das conversas e das próprias percepções." É isso o que está acontecendo com meu pai, que até os últimos meses ainda se exercitava como se estivesse treinando para uma competição de Ironman.

O neozelandês Marc Geddes, que escreve sobre inteligência artificial e matemática, acredita na possibilidade de "drogas que refresquem o cérebro", que vão prevenir "o cérebro de ficar muito inflexível. As pessoas que viverem no futuro distante poderão mudar seus corpos e personalidades com a facilidade com que hoje mudam de roupa. O fato de, hoje, algumas pessoas se cansarem da vida é um problema provavelmente mais prático, biológico do que filosófico."

Sherwin Nuland, autor do livro do *How we Die* [Como morremos], considera Kurzweil e seus colegas fantasiosos: "Eles esquecem que estão agindo sobre o medo biológico básico da morte e da extinção, e isso distorce uma abordagem racional da condição humana por parte deles."

Demonstração A: Leonard Hayflick, professor de anatomia da Universidade da Califórnia — São Francisco, de quem meu pai assistiu algumas conferências, explica que todo cromossomo tem cauda, que vai diminuindo na medida em que a célula se divide. Com o tempo, essas caudas, chamadas telômeros, ficam tão pequenas que perdem a função, o que, por sua vez, faz com que parem de se reproduzir. O comprimento médio do telômero, portanto, indica quantas divisões a célula já sofreu e quantas restam, até que ela não possa mais se duplicar. Ou seja, existe um limite intrínseco do tempo que um ser humano pode viver.

No poema *Tithonus*, de Tennyson, o protagonista-título tem seu desejo de imortalidade atendido e, sem perceber que vai envelhecer para sempre, resolve morrer:

> *... Deixa-me ir: pega de volta tua dádiva.*
> *Por que um homem quereria*
> *Mudar a gentil espécie dos homens,*
> *Ou ir além da meta ordenada*
> *Onde todos devem parar?*
> *Larga-me, deixa-me voltar ao chão.*

Meu pai não gosta desse poema. Melhor para ele.

Últimas palavras

O compositor Leonard Bernstein perguntou: "O que é isso?"

O jogador de beisebol Babe Ruth disse: "Estou passando pelo vale."

O pastor anglicano Cotton Mather disse: "É só isso? Era isso o que eu temia, quando rezava para não ter uma morte difícil? Ah, posso aguentar! Posso aguentar!"

O filósofo grego Anaxarco, morto a golpes de pilão no século IV a.C., disse: "Batam, batam na roupa que cobre Anaxarco. Vocês não atingem Anaxarco."

O major da Força Aérea Norman Basell, piloto do avião que levava para a França o *bandleader* Glenn Miller, no voo que sumiu no Canal da Mancha: "Qual é o problema, Miller? Você quer viver para sempre?"

O filólogo Barthold George Niebuhr, percebendo que o remédio que tomava era indicado apenas para casos terminais, perguntou: "Que substância é essa? Eu já fui tão longe assim?"

A artista do século XVIII Angelica Kauffmann, interrompendo o primo que começava a ler um hino aos mortos: "Não, Johann, não vou ouvir isso. Leia o 'Hino aos Doentes', na página 128."

O presidente da Ferrovia Central de Nova York, William H. Vanderbilt, disse, em 1885: "Não tenho gratificação ou alegria maior que meu vizinho de quarteirão, que só vale meio milhão de dólares."

O rei da Prússia, Frederico, o Grande, disse: "Estou cansado de governar escravos."

Luísa, rainha da Prússia, disse: "Sou rainha, mas não tenho poder para mover meus braços."

A rainha Elizabeth I disse: "Todos os meus bens em troca de um instante."

O rei da Espanha, Filipe III, disse: "Ah, quisera Deus eu jamais tivesse reinado! Ah, vivi todos esses anos solitário em meio ao deserto! Ah, se tivesse vivido só com Deus! Com quão mais segurança teria morrido. Com que segurança eu teria ido para o trono de Deus! De que vale tanta glória se eu tenho uma morte tão atormentada?"

O cardeal Henry Beaufort perguntou: "Todas as minhas riquezas não me salvam? Não dá para subornar a morte?"

O escritor Henry James disse: "Finalmente, eis a notável coisa."

Ana Bolena, segunda esposa do rei Henrique VIII, disse: "Espero que o carrasco seja um especialista — meu pescoço é bem fino."

A rainha Maria Antonieta, ao pisar o pé de seu carrasco, desculpou-se: "Perdão, senhor. Foi sem querer."

O rei Carlos II disse: "Perdi um tempo enorme morrendo, mas eu lhe peço que me perdoe."

O laureado poeta inglês do século XVII, Sir William Davenant, disse, quando não conseguiu terminar o último poema: "Tenho de pedir licença para desistir, ao ser interrompido por uma experiência tão grande como morrer."

O escritor renascentista Rabelais disse: "Vou em busca de um grande talvez."

O humorista e cartunista americano James Thurber disse: "Que Deus abençoe. Que Deus se dane."

O escritor H. G. Wells disse: "Quero que vocês todos se danem. Eu avisei."

O médico, zoólogo e inspetor de pescados Francis Buckland concluiu: "Deus é tão bom para os peixinhos. Não vai permitir que o inspetor deles acabe naufragando."

O violinista e compositor belga Eugène Ysaÿe disse, após ouvir sua Quarta Sonata ser tocada: "Esplêndido. O *finale* é que está um pouco rápido demais."

O ator inglês do século XVIII, James Quin, disse: "Gostaria que essa cena trágica terminasse, mas espero passar por ela com a modéstia adequada."

Respondendo ao comentário de que morrer devia ser muito difícil, o ator Edmund Gwenn disse: "É. Mas não tão difícil quanto uma farsa."

O empresário da Broadway, Flo Ziegfeld, disse: "Cortina! Música, rápido! Luzes! Pronto para o final! Ótimo! O espetáculo parece bom! Parece bom!"

James Croll, que passou a vida toda aconselhando a abstenção de álcool, disse: "Vou tomar um golinho. Agora não corro muito risco de me acostumar a beber."

O sociólogo do século XVIII, Auguste Comte, disse: "Que perda irreparável!"

Da Vinci disse: "Ofendi Deus e os homens, porque minha obra não teve o nível de qualidade que deveria."

O magnata inglês da imprensa, Lorde Beaverbrook, disse: "É minha última palavra. Está na hora de me tornar aprendiz de novo. Ainda não defini em que direção."

Maquiavel disse: "Desejo ir para o inferno, não para o céu. No primeiro, terei a companhia de papas, reis e príncipes, enquanto no último estarei apenas com mendigos, monges e apóstolos."

Olhando uma lamparina em sua mesa de cabeceira, o escritor e filósofo Voltaire perguntou: "As chamas, já?"

O atacante Stone Johnson, do Kansas City Chiefs, morto num jogo de futebol americano: "Ah, meu Deus! Meu Deus! Onde está meu treinador? Meu treinador?"

O comandante da Guerra Civil americana, general John Sedgwick, morto na batalha de Spotsylvania em 1864, olhou as tropas confederadas de cima de um parapeito e disse: "A essa distância eles não conseguiriam atingir nem um elefant..."

O soldado francês Visconde de Turenne, morto na batalha de Sasbach em 1675, disse: "Eu não pretendia ser morto hoje."

Quando o revolucionário russo Bestoujeff estava prestes a ser enforcado, a corda arrebentou, e ele disse: "Nada dá certo comigo. Até aqui eu me desaponto."

José II, rei do Sacro Império Romano-germânico, disse: "Quero que meu epitáfio seja: 'Aqui jaz José, que fracassou em tudo.'"

O crítico francês Nicholas Boileau, respondendo a um dramaturgo que pediu que ele lesse sua nova peça: "Quer apressar minha morte?"

O escritor Oscar Wilde, ao morrer num hotel cafona de Paris: "O papel de parede e eu estamos lutando uma batalha de morte. Um de nós tem que sair daqui."

Quando o confessor pediu ao gourmet Charles d'Evereruard que fizesse as pazes com Cristo, ouviu: "Eu preferiria de todo o coração me reconciliar com meu estômago, que não cumpre mais suas funções habituais."

Frédéric Moyse, guilhotinado por matar o próprio filho, disse: "O quê, você vai matar um pai de família?"

O escritor Longfellow disse para a irmã: "Agora eu sei que devo estar mesmo doente, se foram te buscar."

O médico George Fordyce disse para a filha, que lia para ele: "Pare e saia do quarto. Vou morrer."

O barão Georges Cuvier, zoólogo, disse para a filha, que tomava um copo de limonada que ele recusara: "É maravilhoso ver que as pessoas que amo ainda conseguem engolir."

O americano O. O. McIntyre, colunista de jornal, disse para a esposa: "Snooks, pode olhar para cá? Gosto de ver seu rosto."

Quando Lady Astor, primeira mulher a entrar para o Parlamento britânico, estava cercada pela família no leito de morte, perguntou: "Estou morrendo ou é meu aniversário?"

Goethe disse: "Mais luz."

O chefe índio Crowfoot disse: "Daqui a pouco vou embora. Para onde, não sei. Do nada viemos, para o nada vamos. O que é a vida? É um vaga-lume brilhando na noite. É o bafo de um búfalo no inverno. É a sombra que passa pelo gramado e some ao sol."

Buda disse: "A decomposição é inerente a tudo."

Gertrude Stein perguntou a Alice B. Toklas: "Qual é a resposta?" Como Alice não respondeu, Gertrude riu e disse: "Nesse caso, qual é a pergunta?"

Após terminar uma poesia sobre o Ano-novo, na véspera do Ano-novo, Johann Georg Jacobi disse: "Na verdade, não vou ver o Ano-novo que acabo de comemorar."

O editor do primeiro jornal da Filadélfia, Andrew Bradford, disse: "Ah, Senhor, perdoe a errata!"

O jesuíta francês do século XVII, Dominique Bouhours, o mais importante gramático de sua época, disse: "Estou prestes a, ou na iminência de, morrer — ambas as expressões são corretas."

Ao responder à pergunta sobre se estava sentindo dor, Henrique, príncipe de Gales, filho de James I, disse: "Ia dizer que sinto um pouco, mas não consigo falar."

A empregada de Karl Marx perguntou se ele tinha um último recado para o mundo. Resposta: "Saia daqui. Últimas palavras são para idiotas que não falaram o bastante."

Pancho Villa, herói da Revolução Mexicana, disse: "Não deixe terminar assim. Diga a eles que eu disse alguma coisa."

O testamento de minha mãe dizia: "Caso eu morra, gostaria de ser cremada, e que as cinzas fossem espalhadas da forma mais simples possível. Gostaria de doar meu coração, rins e córneas para transplante, mas uma pessoa com câncer não pode doar seus órgãos. A cremação não está de acordo com a lei judaica, contudo, acho que é a forma mais adequada de usar um corpo sem vida. Não quero uma cerimônia religiosa, porém espero que minha família e meus amigos façam uma reunião informal, na qual possam dar apoio uns aos outros. Deixo este mundo sem arrependimentos ou amargura. Tive uma vida boa. Que o futuro seja gentil com cada um de vocês. Shalom." Que tranquilidade diante da mortalidade.

Quais serão as últimas palavras de meu pai?

E as minhas?

Da hereditariedade à força de astro (iii)

No início da década de 1970 minha meia-irmã Emily trabalhava de camareira num hotel no Oregon. "Não sei o que houve", explicou meu pai, "mas Pepi e a esposa se hospedaram nesse lugar chique." Emily se apresentou a Pepi Schildkraut, disse quem era e ganhou de lembrança um dos chapéus de feltro Borsalino, que ele usava no ousado estilo europeu, caído sobre um olho (sempre o ídolo das matinês). Ela deu o chapéu para meu pai, que "deixou-o guardado no armário durante anos, mas deve ter sido jogado fora quando mudei, depois que sua mãe morreu".

Conto essa história a Emily, que responde por carta: "Quanto a Joseph Schildkraut ter me dado um chapéu: isso é um mistério absoluto para mim! Eu cheguei a trabalhar por algum tempo num hotel em Cannon Beach, no Oregon. Não me lembro desse misterioso hóspede, nem de tê-lo visto, a não ser no filme *O Diário de Anne Frank*. Ou eu estava desligada na época e não registrei esse fato relevante, ou, de novo, nosso Pop inventou mais uma história para você, com sua rica imaginação. Sinto muito."

Conto para meu pai o que Emily escreveu, e ele quer saber: "Então, de onde veio aquele chapéu Borsalino? Lembro-me bem de Emily nos dizendo que soube que Joseph estava hospedado no *resort* em que ela trabalhava no Oregon. Procurou-o, disse meu nome, conversaram alguns minutos, e Pepi deu o chapéu. Ele usava chapéus Borsalino no palco e no cinema desde o tempo em que todos os atores usavam. E esse caro chapéu italiano viria a ser marca registrada dele."

Pouco tempo depois, numa estranha coincidência, um velho amigo de nossa família ligou para meu pai e pediu que ele fosse buscar duas caixas de coisas que estavam com ele havia anos. "A tampa de uma das caixas abriu e em cima estava aquele chapéu que Schildkraut dera para Emily no hotel do litoral do Oregon, no começo dos anos 1970. Achei que você gostaria de saber da minha (acidental) descoberta arqueológica."

Gostei, gostei sim, mas o chapéu não prova nada. Só há pouco tempo descobri que Schildkraut morreu em 1964, o que significa que Emily (gentil, querendo agradar a meu pai) deve ter inventado a história toda, ou meu pai inventou, ou eu entendi mal, ou fazer parte de uma família é parecido com brincar de telefone sem fio. Mesmo assim, a foto no livro *Meu pai e eu* mostra Schildkraut dando um beijo na testa de Susan Strasberg em *O Diário de Anne Frank*, e é igual à péssima interpretação melodramática de meu pai em duas fotos, beijando Emily quando ela era bem pequena. Em muitas fotos de Pepi, ou de meu pai, ou minhas, esse jeito de fazer cenas exageradas, de bancar um bom rapaz (o que fui até os 12 anos; meu pai, até o final da meia-idade, e Schildkraut até morrer), de fazer foto posada, de ajoelhar-se com servilismo diante da câmera, de precisar que a lente da máquina goste de você, de sorrisos bucólicos, de confiar demais em estilos antigos de como aparecer em fotos...

Schildkraut também tem um desapego aos próprios sentimentos que é, para mim, perturbador talvez por ser familiar. Escreve ele: "Talvez, na vida real, não exista essa história de amor. Aquelas agonias e os êxtases do amor, totalmente destruidores, só existiam no palco." Uma vez, escrevi que a gagueira "impede que você perca a vergonha totalmente, ao demonstrar emoções tradicionais e importantes, como amor, ódio, alegria e sofrimento. Pensando antes não no sentimento em si, mas na melhor forma de verbalizá-lo, para evitar repetição, você acaba achando que a emoção pertence às outras pessoas, como a feliz propriedade do mundo, não sua — a não ser por meio de falsos rodeios".

O melhor que posso tecer com as palavras é o som da sintaxe. Joseph diz sobre Rudolph: "Ele era apaixonado pelo som das palavras. Embriagava-se com elas." Joseph diz sobre a mãe: "Tinha uma grande noção de negócios, um talento para fazer cada tostão valer." Meu pai diz: "Você pode apostar todo o *borscht* de Brownsville." E escreve: "Há pelo menos um ano aquele grupo-de-discussão-que-junta-café-com-fatos-atuais fez a reunião final, mas muita gente em Woodlake ainda fala nos acontecimentos explosivos daquele dia fatídico." Escrevo: "O melhor que posso tecer com as palavras é o som da sintaxe." Você consegue ouvir aquele tom fundamental que vem do incessante zumbido da aliteração? Mostro a meu pai o que considero a ligação entre o estilo de Schildkraut, dependente da aliteração, o estilo de meu pai e o meu (assim como a minha gagueira). Ele responde por escrito: "Sobre o estilo de Joseph Schildkraut: acho que o livro que ele escreveu com ajuda de outra pessoa [*Meu pai e eu*, 'depoimento a Leo Lania'] foi a única coisa que ele escreveu. Escreveu sozinho, ou com a ajuda de alguém. Não sei quanto fez o colaborador, nem Pepi. Meu estilo? Puro jornalismo. Marcado (permeado?) por muita aliteração, demais até. A influência do escritor O. Henry: quando eu tinha 7 ou 8 anos, li seus contos sem parar. Meu irmão Phil ganhou uma série completa de O. Henry num concurso de redação e os livros ficaram lá para eu devorá-los e (infelizmente) incorporar, trancar, estocar e impedir minha própria forma de escrever."

Há uma década eu disse a meu pai que esperava um dia ir à Europa Oriental para traçar a linhagem Schildkraut, e ele retrucou: "Seria um sonho de viagem, nós dois investigando os Schildkraut na Áustria, na Alemanha e na Ucrânia. Quando você quiser ir, estou pronto. Seria uma grande aventura." (Nunca fomos.) Expliquei que meu maior interesse é conseguir que ele conte as histórias sem parar, com sua capacidade infinita de reinventar e esticar o tema. Ele observou (e reconheci na observação a assinatura de meu pai e, projetada em mim e em Schildkraut, um imutável constrangimento): "Ao escrever sobre isso, você provavelmente vai usar e explorar como me apropriei indevidamente de um parentesco de 'primos, é, eles devem ser primos em segundo grau'. E que contei e recontei (aumentei mais uns pontos no conto, como se diz) a história do meu verdadeiro envolvimento com Pepi em pessoa: na noite da homenagem a Einstein etc."

Bom, então, como meu pai gosta de dizer: e daí? O que é essa busca de um parentesco senão uma tentativa mórbida de criar uma linhagem ligada aos astros? Aliás, que prova é essa de encontrar traços em comum numa suposta lembrança de parente? Ele é parente ou não é? Era ou não era? Não sei, não posso saber e nunca saberei; por que, então, é importante para mim achar que há uma ligação? Por que me importo em ser parente de alguém que (com base nas histórias que meu pai contou e em *O Diário de Anne Frank*) parece um ser humano singularmente desagradável e um ator completamente desajeitado? Um cara que gosta de transar com celebridades — que gosta de mostrar que conhece gente importante —, um filtrador de parentesco. Meu pai me conta agora que acredita (sem ter certeza absoluta) que somos parentes de Robert Shields (nascido Schildkraut), da antiga dupla de mímicos Shields e Yarnell, de São Francisco, e não resisto a declarar que acho, bem, talvez eu seja parente também de Brooke Shields; no final de *Amor Sem Fim*, quando ela chora naquele quarto de hotel sombrio em Nova York, tentando se despedir de David, com as tranças presas num coque, acho que ela, principalmente na boca e no queixo, parece um pouco comigo quando adolescente.

SEXO E MORTE (IV)

Em 1986, Denys Arcand lançou seu filme *O Declínio do Império Americano*, um falatório obsessivo sobre sexo. Dezessete anos depois apareceu a sequência, *As Invasões Bárbaras*, um falatório obsessivo sobre a morte. O filme sobre sexo se chama *Declínio*. O filme sobre morte se chama *Invasões*. O prelúdio tem propósito:

Quando um grupo de macacos está comendo, vários machos ficam de costas para o resto e brandem os genitais para afastar prováveis comedores de carcaça. Se um animal desconhecido se aproxima, os macacões têm uma ereção e fazem cara ameaçadora. Pilotos de caça, quando em fuga de situações de perigo, liberam altos níveis de epinefrina (o hormônio segregado pelo estresse) e podem até ejacular.

O engenheiro francês de automóveis Louis Réard administrava também a empresa de lingerie da mãe e desenhou um traje de banho de duas peças. Quatro dias antes de apresentar o modelo ao público os militares americanos explodiram um artefato nuclear num pequeno arquipélago no Pacífico chamado atol de Bikini. No dia 5 de julho de 1946 Réard mostrou o traje e disse que o biquíni recebeu esse nome por causa da beleza das ilhas, não pela explosão atômica.

Homens que vão à forca, às vezes, têm ereções e orgasmos causados pelo rompimento da medula espinhal; quando os nervos do pescoço são separados da espinha, o espasmo pode causar uma ejaculação que é um reflexo. Uma gravura de Daumier mostra uma sala de tortura cheia de esqueletos presos a correntes e um enforcado ejaculando. No livro *Justine*, do Marquês de Sade, Thérèse ajuda Roland a atingir o orgasmo fazendo um rápido enforcamento. Depois, ele exclama: "Ah! Thérèse, ah!, essa sensação é indescritível. É mais que tudo!" Em *Ulisses*, de James Joyce, o menino de cabeça raspada se entrega ao fantasma. Uma violenta ereção do enforcado faz jorrarem gotas de esperma nas roupas do morto e nas pedras do chão. A Sra. Bellingham, a Sra. Yelverton Barry e a honrada Sra. Mervyn Talboys correm com seus lenços para limpar. A necropsia num homem enforcado no começo do século XX, anotada a mão pelo patologista Sir Bernard Spilsbury, afirma que não houve "efusão seminal desta vez", o que faz supor que costumava haver. *Spilsbury*. A foto da execução dos homens que conspiraram contra Lincoln em 1865 mostra um deles, Lewis Powell, com ereção após o enforcamento.

James Boswell costumava assistir aos enforcamentos públicos na Londres do século XVIII. Depois, gostava de olhar o rosto dos mortos. Uma vez, quando os corpos ainda pendiam na corda, ele foi direto até uma prostituta e disse a ela: "Estou com uma imagem chocante na cabeça. Tire-a."

Mais fácil falar que fazer, pois, como escreve Michel Houellebecq em *Partículas elementares*, "a separação cromossômica no momento da meiose que cria gametas haploides é, em si, uma fonte de instabilidade estrutural. Em outras palavras, todas as espécies que dependem da reprodução sexual são, por definição, mortais."

Em *The Merchant and the Friar* [O mercador e o frade], o poeta e crítico do século XIX, Sir Francis Palgrave, escreveu: "Com a primeira pulsação, quando as fibras tremem e os órgãos entram em movimento, está o germe da morte. Antes que nossos membros se formem, cava-se a estreita cova sepulcral onde serão enterrados."

O cientista belga Jules Bordet fez há 100 anos uma definição famosa: "A vida é a manutenção de um equilíbrio sempre ameaçado."

Uma adolescente diz: "Os meninos são como os baleiros da marca Pez:* basta mostrar um mamilo que eles têm uma ereção."

Em *O sentido trágico da vida* Miguel de Unamuno escreveu: "Viver é dar-se, perpetuar-se, e perpetuar-se, dar-se, é morrer. Talvez o máximo deleite da procriação nada mais seja que um aperitivo, um saborear da morte, o derramamento da essência vital de uma pessoa. Nós nos unimos com outra pessoa, mas é para nos dividirmos: aquele abraço tão íntimo nada mais é que o mais íntimo desarraigar. Na essência, o deleite do amor sexual, o espasmo genético, é uma sensação de ressurreição, de ressurreição no outro, pois só nos outros podemos ressuscitar e nos perpetuar."

Um universitário americano diz: "Imagino a morte como tendo milhões de anos, mas parecendo apenas 40."

Virginia Woolf escreveu em seu diário, aos 44 anos: "Desde os 10 anos digo que a vida é terrivelmente interessante — no mínimo, mais rápida, mais incisiva aos 44 que aos 24, mais desesperada, suponho, como o rio corre até Niágara —, minha

* Tubinhos para pastilhas de hortelã de formato fálico com modelos que se tornaram colecionáveis, cuja popularidade motivou um episódio da série *Seinfeld*. (*N. da T.*)

nova visão da morte é ativa, positiva, como todo o resto, excitante e de grande importância, como uma experiência."

Giacomo Leopardi escreveu: "A morte não é um mal, pois ela libera de todos os males, e se tira do homem alguma coisa boa, também tira seu desejo dessa coisa. A velhice é o mal supremo, pois tira todos os prazeres, mas deixa o apetite, e isso traz todos os sofrimentos. Mesmo assim, os homens temem a morte e desejam a velhice."

O dramaturgo Tom Stoppard disse: "Envelhecer é um preço muito alto para atingir a maturidade."

Marco Antônio disse a Cleópatra: "Egito, estou morrendo, morrendo."

Segundo Thomas Browne, físico e autor de *Religio Medici*, "o longo hábito de viver não nos predispõe a morrer".

Confúcio chorou quando viu que estava prestes a morrer.

Todos os seres humanos têm corpo. Todos os corpos são mortais. O nosso também.

Na Segunda Guerra Mundial meu pai foi designado para a divisão de Informação e Educação do Exército, com a tarefa de falar para as tropas sobre os aliados e inimigos dos Estados Unidos e enviar notícias dos envolvidos na guerra para os jornais da cidade. Se um soldado raso era promovido a Soldado de Primeira Classe, meu pai avisava ao jornal da cidade que o soldado havia sido promovido por "coragem em combate" e "comportamento militar". Em 8 de agosto de 1945 a rádio do batalhão do acampamento em Okinawa anunciou que os japoneses tinham se rendido incondicionalmente e assinariam o tratado de paz naquele dia num navio ancorado na baía de Tóquio. Meu pai, então, ficou frenético, correu até o refeitório e disse ao sargento do setor, Coleman Peterson, que ia assumir a função e servir o café da manhã para os 120 homens da unidade.

O sargento Peterson argumentou que meu pai tinha enlouquecido e iria largar aquilo depois que os primeiros seis resmungões entrassem na fila reclamando que os ovos mexidos estavam muito duros e as panquecas muito finas. Meu pai respondeu que ninguém, nem mesmo Douglas MacArthur iria impedi-lo.

O sargento insistiu em que meu pai então preparasse os ovos e as panquecas. Ele concordou, amarrou um avental na cintura e quando o primeiro homem apareceu na fila perguntando qual era o cardápio naquela manhã, meu pai respondeu: "Torrada com bosta de cavalo. Aliás, não: o prato especial do dia é ovos mexidos, bacon, todas as panquecas que você quiser comer e o café mais forte da ilha!"

Pelo jeito, entretanto, meu pai não é imortal:

Na minha visita mais recente, ele, como sempre, avaliou minha forma física e, como sempre, os perigos de eu dirigir com uma só mão. Perguntou, como sempre também, se Natalie já havia se matriculado nas aulas de natação (estava preocupado que ela fosse andar à margem do lago Washington e se afogasse). E quando foi a uma loja de departamentos comprar um presente de aniversário para ela, deu um jeito, como sempre, de eu pagar. Parece que ele quer levar sua não tão vasta fortuna com ele.

Na manhã seguinte, cheguei 15 minutos atrasado para levá-lo para um *brunch* e ele estava soluçando. Era por medo de eu ter morrido num acidente de carro; ligou para meu hotel, para o Serviço de Emergência e até para Laurie em Seattle para perguntar se sabia do meu paradeiro. No restaurante, disse que a sopa, que não poderia estar mais suave, estava temperada demais; não queria nada picante para tirá-lo do regime.

Havia meses que eu não via meu pai, por isso fiquei assustado com seu declínio rápido: arrastava os pés no pequeno apartamento quase vazio, graças à mais recente mania dele de se livrar de tudo o que tinha. Respirava pesado e com esforço; os olhos estavam sem vida e sem expressão; o esquerdo tinha uma bolsa de pele dependurada. Uma cirurgia tinha retirado parte da orelha esquerda dele devido a um câncer de pele; seus intestinos oscilavam entre a diarreia e a prisão de ventre; ele costumava esquecer de fechar o zíper da braguilha.

Esperando o filme S.O.S. *Saúde* começar, ele me perguntou quando e como aprendi sobre os fatos da vida. As pessoas na fila atrás de nós riram muito, e embora parecesse um pouco tarde para ficar discutindo como os passarinhos e as abelhas se reproduzem, tive de responder bem alto, pois o aparelho de surdez dele não estava funcionando direito. Eu disse então que havia consultado várias fontes sobre o tema. Devido ao aparelho de surdez ruim, ele achou o filme completamente incompreensível. Saímos do cinema antes de acenderem as luzes, ele tropeçou na escada e a plateia fez uma exclamação em coro.

Depois que voltei para casa, recebi uma carta dele: "Estou sempre cansado. Até um ano atrás, eu conseguia dar 12 braçadas na piscina; hoje, só consigo dar três ou quatro. Quase não durmo. Com pílulas para dormir (Tylenol PM), durmo em dois turnos, das 21h30 às 4h30; depois tomo café, volto para a cama por duas horas, mais um eventual cochilo de uma hora. Eu ia sempre ao campo de golfe de 18 buracos, em Woodlake, mas perdi o interesse. Não vou há uns dois meses. De positivo, ainda faço meia hora de ginástica na academia. Geralmente, na bicicleta ergométrica. Depois do almoço. Como se fosse uma marcha obrigatória. Mas ainda faço e fico contente de ainda ter vontade. Para resumir, tenho certeza — você também, com razão — de que alguns dos meus problemas mais complicados devem-se à passagem dos anos. Noventa e sete anos não são 79." Para meu pai, fazer esse reconhecimento bem parcial e invejoso é uma enorme decadência.

A HISTÓRIA CONTADA PELA ÚLTIMA VEZ, DO PRINCÍPIO AO FIM

Assim que realizamos nosso papel de reprodutores, nos tornamos descartáveis.

Após a maturação sexual, ocorre a deterioração no auge da eficiência porque, como diz Harold Morowitz, professor de biologia na Universidade George Mason: "A ordem perfeita exige trabalho sem fim." E a deterioração se forma nela mesma.

No final do século XIX, o biólogo alemão August Weismann diferençou "a imortalidade das células reprodutoras que levam os genes para a próxima geração e a mortalidade das demais, que vão envelhecer e morrer". A morte ocorre, segundo ele, "porque um tecido gasto não pode se renovar eternamente e porque a capacidade de aumentar através da divisão de célula não é eterna, mas finita".

Assim que a missão do corpo é cumprida, a natureza tem pouco interesse no que vem a seguir. O ciclo reprodutivo de um membro de determinada espécie funciona de forma a corresponder à expectativa de vida de um indivíduo dessa espécie. Em outras palavras, nossos recursos fisiológicos são para reproduzir, não para prolongar a vida depois disso.

A força da seleção natural diminui com o tempo. A seleção natural forjou a biologia humana de tal forma que o envelhecimento e a morte tornam-se cada vez mais prováveis depois que chegamos aos 40 anos. Se uma pessoa pós-idade de reprodução sofrer um acidente, as consequências não têm importância nenhuma para a sobrevivência do resto da espécie.

A natureza favorece o acúmulo de genes que são benéficos no começo da vida, embora possam ser prejudiciais mais tarde, já que (em condições normais) a maioria dos animais não vive o bastante para sofrer os efeitos prejudiciais. O mesmo mecanismo que protege contra o câncer protege contra o envelhecimento. Espécies longevas, com melhor proteção celular, têm câncer mais tarde do que as espécies de vida curta.

A glândula pineal é nosso relógio interno. Sabe nossa idade, e quando ultrapassamos a plenitude da nossa capacidade de reprodução. Ao perceber que estamos velhos demais para nos reproduzirmos (por volta dos 45 anos), começa a fabricar níveis bem menores de melatonina, que dá o sinal para todos os outros sistemas pararem. Começa então o processo de envelhecimento. (Outro motivo para as mulheres envelhecerem mais devagar do que os homens é terem a glândula pineal maior. Pode ser também o motivo para elas viverem mais.)

Esses baixos níveis de melatonina fazem, por exemplo, nosso sistema imunológico parar e o sistema endócrino produzir menos hormônios sexuais. Por sua vez, os níveis mais baixos de hormônios levam à atrofia dos órgãos sexuais em homens e mulheres, além de redução do interesse sexual e da capacidade de execução do ato. Aos 90 anos, o equipamento de meu pai finalmente parou.

Nas últimas fases da idade adulta, as mariposas imitam os movimentos das jovens, atraindo para si os predadores e sacrificando as próprias vidas em prol da espécie. De certa forma, o tempo todo eu tentei dizer o seguinte: o indivíduo não interessa. No geral, você, papai, não interessa. Eu não interesso, papai. Somos vetores nos *grids* da corrida celular. Carregamos dez a 12 genes com mutações que são potencialmente letais. Tais mutações são passadas para nossos filhos: você passou para mim, eu passei para Natalie. O preço que pagamos pela imortalidade de nossos genes é o envelhecimento e a morte. Você vai achar essa informação completamente destrutiva; eu acho emocionante, libertadora. Para mim, a vida é simples, trágica e sinistramente bela.

Entrevistas finais

Ao ser perguntado sobre qual o sentido da vida, o paleontólogo Stephen Jay Gould respondeu: "Estamos aqui porque um estranho cardume de peixes tinha uma anatomia peculiar nas nadadeiras que podiam se transformar em pernas para criaturas terrestres e também porque caíram cometas na Terra e acabaram com os dinossauros, dando aos mamíferos uma oportunidade que antes não existia; porque a Terra não congelou completamente na era glacial; porque uma pequena e frágil espécie chegou à África há 250 mil anos e conseguiu sobreviver até agora, aos trancos e barrancos. Nós gostaríamos de ter uma resposta mais 'sublime', mas não há." (Opinião de Darwin sobre o darwinismo: "Esta visão da vida tem grandeza." Stoppard sobre a evolução: "Sempre achei a ideia de Deus absolutamente absurda, porém um pouco mais plausível do que a proposta alternativa de que, com o tempo, um pouco de limo verde seria capaz de escrever os sonetos de Shakespeare.")

Robert Wilkoske, dono de uma empresa de demolições em Cheyenne, no Wyoming, disse: "Os animais lutam até morrer para sobreviver. Até um rato sendo engolido por uma cascavel tenta escapar mas, depois que a cascavel o engole, ele vai descendo pela garganta dela. O mesmo ocorre com os seres humanos. Vi animais lutarem até quando tudo estava contra eles. Sabem que vão ser pegos, mas lutam até morrer para continuarem vivos. Não vivemos por nenhum propósito especial, é apenas o instinto de sobrevivência. Mas não sou nenhuma autoridade no assunto."

José Martinez, motorista de táxi, disse: "Estamos aqui só para viver e morrer. Eu pesco um pouco, levo minha namorada para passear, pago os impostos, leio um pouco, depois me preparo para morrer. Ou você está aqui ou não está. É como o vento. Depois que você vai embora, chegam outras pessoas. Vamos nos destruir, não podemos fazer nada. É tarde demais para melhorar. É preciso ser forte para encarar isso. A única cura para a doença do mundo é a guerra nuclear. Destruir tudo e começar de novo."

Woody Allen: "Estamos à deriva, sozinhos no cosmos, destruindo uns aos outros por frustração e dor." Não é uma piada.

O economista inglês Wilfred Beckerman disse: "São muito poucas as possibilidades de o ser humano ser mais do que apenas um pontinho no processo de evolução."

O rapper Ice-T disse: "Estamos aqui para colocar a cabeça fora d'água um minuto, dar uma olhada e mergulhar de novo. O ser humano é só mais um animal na grande selva. Temos vários instintos, todos animais. Matamos porque estamos irritados ou precisamos de comida. Temos filhos porque é bom e queremos cuidar de outras pessoas. Depois que você tem um filho, você o olha e se vê nele. Conclui então: 'Ah, é para isso que estamos aqui.' A vida é realmente curta e nós vamos morrer, por isso precisamos deixar outra pessoa para manter a cabeça fora d'água. O resto é passar o tempo até a geração seguinte se instalar. É só se acalmar e reproduzir. Manter a espécie."

Nicholas Vislocky, zelador assistente de um cemitério, disse: "No começo, ser coveiro me incomodava, só via a família do morto, triste. Carregava o caixão, imaginava a pessoa lá dentro. O que emociona mais é quando uma criança morre. O caixão é branco, porque ela é pura, e pequeno, só tem 1 metro. Elas não tiveram chance de experimentar nada. É como se tivessem sido roubadas de alguma coisa. Quando a gente vê aqueles caixõezinhos brancos, passa a valorizar cada milésimo de segundo que temos no nosso curto tempo de vida."

Pouco antes de meu pai fazer 97 anos perguntei o que ele aprendeu numa vida tão longa. Resposta: "O segredo para uma vida longa e saudável é fazer exercício todos os dias, mesmo que só meia hora, nada deve impedir isso." Expliquei que a pergunta não era só como ter uma vida longa, mas o que isso havia acrescentado, se é que tinha acrescentado alguma coisa. Ele então deu de ombros e veio com antigas "verdades": "Existe um consolo para o envelhecimento: é que não vou ter de repetir isso." "Morrer é fácil. Qualquer um consegue. O difícil é viver." "No fim das contas, o mundo está muito melhor do que era no Brooklyn, em Nova York, no ano de 1910." Isso — a última das verdades — levou-o a considerar o que teria sido se tivesse continuado a estudar, se formado na City College of New York e depois feito mestrado em jornalismo na Universidade de Columbia. Talvez, ele tivesse realizado sua fantasia de ser colunista esportivo do *New York Times*, como seu herói Red Smith. Isso fez com que ele chorasse, então ele acabou com a conversa dizendo: "Vamos andar." Foi o que fizemos. Ele não joga mais tênis e golfe, nem corre. Costumava dizer que não conseguia imaginar um dia em que não desse pelo menos cinco voltas em

Woodlake, fazendo mais de 1 quilômetro e meio. Agora ele mal consegue dar uma volta inteira, interrompida por várias paradas nos bancos.

Ele foi o primeiro a observar que, em parte, isso poderia ser porque, depois de adiar várias vezes a colonoscopia, ele tinha finalmente feito o exame alguns dias antes. Reclamou o tempo todo a caminho de casa sobre o jeito "desrespeitoso" como foi tratado pelas enfermeiras e que ficou mortificado por ter urinado muito e sujado o avental durante o exame. O diagnóstico: não estava com câncer, não tinha nada, só uma pequena diverticulite, relativamente fácil de curar. Mas agora está obcecado e deprimido com isso (cheguei à conclusão de que a obsessão e a depressão nele são inseparáveis da energia vital).

NOTAS PARA UM TRIBUTO A MEU PAI

No começo da década de 1930 meu pai trabalhou como árbitro das Ligas Menores de Beisebol na Costa Leste, às vezes com o árbitro Emmett Ashford, que era uma espécie de showman e que, 30 anos depois, tornou-se o primeiro árbitro negro das *grandes ligas*. Algumas pessoas achavam que os gestos excêntricos de meu pai faziam com que ele não passasse de um "Ashford branco". Nós íamos aos jogos do Giants não para ver os duelos contra Koufax ou quando distribuíram tacos de graça, mas quando Ashford estava decidindo entre arremessos bons ou ruins. Durante o jogo inteiro meu pai fixava o binóculo em Ashford e me dizia: "Emmett marcou um arremesso baixo e bom." Ou: "Emmett estava fora de posição nessa." Ou: "Se aquele sujeito continuar fazendo palhaçada, Emmett vai expulsá-lo de campo." Eu então olhava e Emmett estava expulsando aquele sujeito de campo.

Os times das grandes ligas de beisebol não jogavam no Golden Gate Park. Muito menos os das ligas menores. Era algo que poderia ser chamado liga industrial. O time dos Maquinistas contra o dos Contadores; o da empresa Pacific Gas and Electric contra o da Western Airlines. Mas eles jogavam com garra, jogavam com vontade, e as esposas torciam como se fossem estudantes enlouquecidas. E meu pai era o árbitro. Ele saía no domingo de manhã levando suas chuteiras de travas e a máscara de metal, com o protetor de peito sob o uniforme azul e, aparecendo na ponta do bolso, um pequeno espanador para limpar a *home plate*. Jamais esquecerei a primeira vez que o vi como árbitro.

Não foi num estádio, mas num imenso campo aberto. Porém, havia demarcação de bases, banco de reservas e uma arquibancada em semicírculo. Fiquei atrás da cerca, assistindo aos jogadores do Denny's Restaurant enfrentarem os do Safeway Market. Eu não sabia nada das duas equipes e após algumas entradas dei uma olhada procurando meu pai e achei que decerto ele ia participar da jogada seguinte. Depois percebi que o homenzarrão de azul, agachado atrás do rebatedor a cada arremesso, era meu pai. Em algumas partes do país, em certas ligas e estádios, os torcedores deviam concentrar todas as suas frustrações sexuais e financeiras na figura solitária do árbitro. Mas em São Francisco, no Golden Gate Park, pelo menos num domingo do verão de 1966, eles não fizeram isso.

Os dois times não estavam jogando de igual para igual e meu pai logo virou a atração principal. Quando um rebatedor era eliminado pelo terceiro *strike*, meu pai fazia uma paródia da indignação da vítima. Quando um rebatedor conseguia uma base por bolas, meu pai corria com ele metade do caminho até a primeira base para apressar o jogo. Ele era o único árbitro da partida; então, quando as bolas eram rebatidas para longe, ele corria pela linha de campo para garantir que elas tinham sido agarradas, e quando elas eram rebatidas curtas, corria em direção à primeira base para ficar em posição de decidir. Fazia sinal de jogador salvo balançando os braços como se estivesse prestes a voar. E assinalava jogador eliminado virando o polegar para baixo e abaixando todo o lado direito do corpo. Entre uma jogada e outra, fazia malabarismo com três bolas de beisebol.

Nesse dia, ele foi árbitro o dia inteiro, em quatro longos jogos, das 10 da manhã às 6 da tarde, e no último jogo os torcedores aplaudiram. Eram palmas leves, educadas, dispersas e talvez estivessem aplaudindo o time vencedor, mas para mim era uma ovação ensurdecedora, agradecendo ao árbitro. Eu levantei de detrás da tela e aplaudi também. Torcia por meu pai.

Meu pai me ensinou a gostar das duas coisas que mais aprecio no mundo: linguagem e esportes. Não pratico mais muito esporte. Tenho dor nas costas, tendinite no ombro, um joelho fraco, uso palmilhas ortopédicas para igualar a altura das pernas e meu pescoço tem uma pequena distensão que me incomoda, enquanto o maior problema de meu pai, aos 97 anos, parece ser o "cotovelo de tenista". Fica nervoso quando chove porque significa que só pode fazer ginástica na academia em vez de correr e depois ir para a academia. Ele ainda pratica natação quase todos os dias. Até pouco tempo, jogava golfe e, às vezes, tênis. É a pessoa mais forte que já conheci. Eis um trecho do texto dele sobre a viagem de balsa que nossa família fez pelo rio Salmon: "Na manhã seguinte, levantei às 6 e me dispus a pegar gravetos e lenha. O resto da família ficou nos sacos de dormir até o café da manhã, às 7h30."

Desde os meus 6 anos, a primeira coisa que nós dois fazíamos de manhã era ler a página de esportes. Uma das minhas melhores lembranças tem uns 20 anos: nós dois sentados no sofá dele no escuro, ouvindo o rádio transmitir um jogo do Giants contra o Dodgers. Na décima entrada, quando Mike Marshall acertou um *home run* de três corridas e deu a vitória aos Dodgers, meu pai e eu nos olhamos e, meio sem jeito, choramos.

Éramos unidos pelos jogos e pelas palavras. Sempre gostei do amor que ele tinha por trocadilhos, os ruins e os péssimos. E admirava a capacidade dele de contar uma piada ou uma história. Um dia antes de eu começar a faculdade, nós visitamos a Casa de John Brown, na Sociedade Histórica de Rhode Island. O docente ficou enrolando, dando a versão oficial da história dos Estados Unidos. Meu pai e eu tivemos vontade de rir, mas fomos passando de um cômodo a outro do museu e ficamos num êxtase de risos descarados. "Combata o modelo dominante" diz o adesivo, na frase que virou lugar-comum cultural. Porém, ele me ensinou a fazer isso de diversas maneiras: questionar a sabedoria recebida; insistir no meu ponto de vista; considerar a linguagem um parque de diversões e o parque de diversões uma alegria. Ele me mostrou como amar as palavras que saíam de minha boca e de minha máquina de escrever; como gostar de estar no meu corpo, como gostar de estar na minha pele e não na de outra pessoa.

Em maio de 1945, no navio do Exército que levou meu pai e outros 5 mil soldados de Seattle para Okinawa, ele participou de um jogo de pôquer que durou três dias e três noites; os jogadores só saíam da mesa para ir ao banheiro, comer ou dormir. Todos eles leram o relato sobre a sangrenta invasão da Marinha em Okinawa, ocorrida um mês antes, e então havia, segundo meu pai, um sentimento fatalista no jogo, de "Amanhã morreremos" e "Dane-se, isso é apenas dinheiro".

No terceiro dia, meu pai estava ganhando mil dólares. Jogavam o Stud de Sete Cartas, um tipo de pôquer que exige muita técnica. As duas primeiras cartas que tirou eram reis. Imediatamente, apostou o limite de 2 dólares, tentando derrubar o máximo de jogadores, uma estratégia de pôquer que aprendeu com o pai. Na quarta carta, tirou mais um rei, ficando assim com uma mão muito difícil de ser superada.

Quando chegou à quinta carta, sobravam só dois jogadores, meu pai e um jovem soldado da Geórgia chamado Rebel. Meu pai apostou 2 dólares e Rebel disse:

— Aumente a aposta, sargento. São 2 dólares e mais 2.

Meu pai, achando que o outro tinha uma dupla ou uma sequência, pôs 2 dólares para ver. Outra lição que ele aprendeu com o pai: nunca deixe ninguém blefar com você, sobretudo se são os dois últimos no jogo. "Você precisa fazer com que continuem honestos, mesmo que tenha de apostar até o último centavo para ver. Lembre-se disso." Foi o que ouviu do pai.

Na sexta carta, meu pai começou a apostar e Rebel aumentou 2 dólares de novo. Meu pai agora estava com quatro reis, e olhando as cartas que Rebel ostentava, não conseguia imaginar o que ele teria que pudesse bater quatro reis. Meu pai "viu" Rebel aumentar.

Quando a sétima carta, "terrível", foi colocada na mesa, meu pai disse:

— Agora é a vez de quem aposta mais alto. Você, Rebel.

— Sargento, você vai ter de pagar 4 dólares para ver minhas cartas — disse Rebel, fazendo alguns amigos rirem.

Meu pai olhou Rebel outra vez e perguntou que cartas ele tinha.

— Tenho uma pequena sequência — disse ele, e começou a pegar os 75 dólares.

— Não adianta, Rebel — avisou meu pai, mostrando os quatro reis.

Rebel jogou as cartas sobre a mesa e disse:

— Você joga como um maldito judeu — esticando a palavra "judeu" que, segundo meu pai, parecia ter várias sílabas, soava como ju-de-e-e-eu.

Soou o apito chamando para a comida, o jogo foi interrompido e meu pai perguntou a Rebel:

— Por que usou a expressão "jogar como um maldito judeu"?

Rebel respondeu que o pai dissera a ele que todos os judeus eram ótimos jogadores de pôquer. Meu pai argumentou que tinha amigos no Brooklyn que não jogavam bem, eram quase tão fracos quanto Rebel e os amigos dele. (Sempre que meu avô recebia boas cartas, mudava o comportamento: puxava a cadeira para mais perto da mesa e dizia em iídiche "*Ubber Yetz*", que, ao pé da letra, é "Mas agora...": a batalha tinha começado e meu avô estava pronto para a ação. Os outros jogadores riam e diziam:

— Pelo jeito, Sam tem uma de suas mãos *Ubber Yetz*. Quem vai ver as cartas dele?

E ele dizia:

— Chega de piadas, não estão aqui para jogar pôquer? Aposto 25, alguém vai?

Um ou dois aceitavam, e meu avô costumava ganhar a bolada, que nunca era muito grande. Meu pai, então, contou para Rebel que ele era judeu. Rebel não acreditou: meu pai tinha olhos azuis, cabelos louros e pele bem morena. Meu pai disse que se os dois fossem ao banheiro, ele provaria que era circuncidado. Rebel disse que não era necessário.

Meu pai foi colega de turma do comediante Danny Kaye na Escola Pública 149. Em meados dos anos 1950, pouco antes de eu nascer, Kaye se apresentou no Hollywood Bowl: meus pais e uma meia dúzia de amigos foram assistir. No intervalo, Kaye foi até a beira do palco e perguntou quantos na plateia eram do Brooklyn. Várias pessoas levantaram as mãos. Perguntou, então, quantos foram da escola 149. Cerca de dez pessoas levantaram as mãos. Aí, quis saber se alguém se lembrava do hino da escola. Meu pai foi o único que continuou com a mão levantada. Kaye então convidou:

— Ótimo, vamos cantá-lo — e deu o tom para a banda tocar.

Minha mãe puxou o paletó de meu pai:

— Milt, você está me deixando envergonhada. Por favor, sente-se. — Os amigos deles mandaram minha mãe ficar calma. Danny Kaye e meu pai cantaram o grito de guerra deles.

A 149 é a minha escola
Afasta qualquer adversidade
Firmes e sinceros
Seremos com você
Fiéis à 149
Rá, rá
Levantem bem
A bandeira vermelha e branca
Aplaudam com
Toda a animação
Todos, fiéis à 149.

A plateia enlouqueceu.

No meu novo sonho, estou no meio do deserto e meu pai tira as botas e delas caem pedrinhas, sujeira, folhas mortas. Os lagartos andam à volta, procurando uma sombra sob as rochas e pequenos arbustos. Ele abre o cantil — está vazio.

"Você bebeu a água toda", ele diz.

"Bebi, estava com sede", digo.

"Era só o que tínhamos. Não vamos sobreviver", avisa ele.

A uns 500 metros há um cacto gigante.

"Vamos apostar uma corrida, quem ganhar fica com a água do cacto", proponho.

Ele tira o cantil do cinto e a mochila dos ombros e entrega-os a mim. Estica as pernas, tocando nos dedos dos pés e dobrando bem os joelhos, amontoa areia onde apoia o pé esquerdo e se agacha em posição de corrida. Com o pé enfiado na areia, os ombros inclinados e tremendo, a cabeça aponta para a frente como se fosse um cão rastreador de passarinhos mortos e ele balança o corpo até se sentir pronto para a largada. Ele está sério.

"Quem vai dar a partida para nós?", pergunto.

Ele diz, cuspindo no chão: "Corredores, estejam a postos."

"Tem certeza..."

"Estejam a postos."

"Eu não gostaria..."

"Vá", ele diz. Dá uma arrancada tão boa que fico achando que começou antes de ser dada a partida. Corro atrás dele, gritando que, para ser justo com as duas partes envolvidas, devíamos começar de novo, mas ele não dá ouvidos, aperta os punhos e se distancia ainda mais, pisando as pedras. Correndo pelo deserto, desviando de rochas e moitas, chegamos perto do cacto, que é enorme: quatro troncos saem da base e o maior sobe quase 1 metro, como um grosso dedo verde.

Ouço-o arquejar quando me aproximo, mas não tenho energia de reserva: minha cabeça sobe e desce, meu pescoço está com os músculos tensos. Os joelhos dele sobem até o queixo. Salta longe de mim, gritando, correndo para o cacto, aumentando o passo largo, braços e pernas juntos, harmoniosos e fortes.

Meus joelhos dobram e caio de cabeça no chão sujo, esticando os braços para amortecer a queda. Arranho as mãos nas pedras. Meu pai tira a faca do bolso, corta um talo comprido do cacto, despeja o líquido nas mãos e bebe. Ele vence. Vence de novo. Ele sempre vence, exceto no final, quando vai perder, como todos nós.

Agradecimentos a autorizações

Um agradecimento pela autorização para citar material já publicado:

Ao The Immortality Institute: trecho de "Nanomedicine", de Robert A. Freitas Jr., de *The Scientific Conquest of Death: Essays on Infinite Lifespans*, editado por membros do The Immortality Institute (Buenos Aires: LibrosEnRed, 2004). Reimpresso com autorização do The Immortality Institute.

Ao *London Review of Books*: trecho de "Holy Disorders", de Hilary Mantel (*London Review of Books*, 4 de março de 2004, volume 26, número 5). Reimpresso com permissão do *London Review of Books*.

À New Directions Publishing Corp. e a David Higham Associates: trecho de "The Force That Through the Green Fuse Drives the Flower", do *The Poems of Dylan Thomas*. Copyright ©1939 New Directions Publishing Corp. Reimpresso com permissão da New Directions Publishing Corp. e da David Higham Associates.

À The Wylie Agency: trecho de "The School", de *Sixty Stories*, de Donald Barthelme. Copyright © 1976 de Donald Barthelme. Reimpresso com permissão da The Wylie Agency.

1ª edição	MARÇO DE 2010
impressão	BARTIRA
papel de miolo	PÓLEN SOFT 80G/M²
papel de capa	CARTÃO SUPREMO ALTA ALVURA 250G/M²
tipologia	ELECTRA LH